LUCAS ANDRADE

O Dinheiro Quebrou?

O Roteiro para Proteger seu Patrimônio da Inflação e Alcançar a Soberania Digital com Bitcoin e Criptomoedas.

First edition

This book was professionally typeset on Reedsy.
Find out more at reedsy.com

Contents

Introdução 0: O Dinheiro Quebrou?

Imagine que você trabalhou duro a vida inteira. Você seguiu as regras, economizou, colocou seu dinheiro no banco e confiou que, no futuro, esse esforço seria recompensado. Agora, imagine acordar e descobrir que as regras mudaram enquanto você dormia. O dinheiro que você guardou compra menos do que comprava há cinco anos. O apartamento que você queria comprar dobrou de preço, mas o seu salário não.

Você sente que está correndo em uma esteira que acelera constantemente, e não importa o quão rápido você corra, você permanece no mesmo lugar.

Não é culpa sua. E você não está louco. A sensação de que algo está errado com a economia global é real. O sistema não está apenas "passando por uma fase ruim"; ele foi desenhado para funcionar exatamente assim.

Este livro não é apenas sobre tecnologia ou gráficos financeiros. É sobre recuperar o controle do seu tempo e da sua energia vital, que são armazenados na forma de dinheiro. Bem-vindo à **Soberania Digital**. Antes de aprendermos "como" investir, precisamos entender "por que" o sistema atual está falhando e por que uma alternativa digital surgiu como a maior oportunidade de transferência de riqueza da nossa geração.

0.1 A História do Dinheiro: Do Escambo ao Digital

Muitas pessoas cometem o erro de pensar que o dinheiro é algo estático, uma lei da natureza imutável, como a gravidade. Mas o dinheiro é, e sempre foi, uma **tecnologia**. E como qualquer tecnologia, ela evolui para resolver os problemas da sociedade em cada época. Se você ainda usasse um telefone de discagem em um mundo de smartphones, estaria em desvantagem. O mesmo acontece com quem se apega a formas antigas de dinheiro em uma economia digital.

Para entender para onde estamos indo, precisamos olhar para onde estivemos.

No início da civilização, operávamos através do **escambo**. Se você tinha peixes e queria sapatos, precisava encontrar um sapateiro que, por coincidência, estivesse com fome de peixe. Isso se chamava "dupla coincidência de desejos". Era ineficiente e limitava o comércio. O peixe apodrecia (não era uma boa reserva de valor) e era difícil de dividir (ninguém quer meio sapato).

A humanidade, então, buscou tecnologias melhores. Passamos a usar mercadorias raras e duráveis como meio de troca: conchas, sal (daí a palavra "salário") e gado. Eram melhores que peixes, mas ainda difíceis de transportar ou dividir.

Foi aí que os **metais preciosos** entraram em cena. O ouro e a prata tornaram-se o padrão global por milênios. Por quê? Porque o ouro é durável (não enferruja), divisível (pode ser derretido em moedas), fungível (uma moeda de ouro vale o mesmo que outra de mesmo peso) e, o mais importante, é **escarso**. Ninguém consegue "imprimir" ouro. É necessário esforço físico e tempo para extraí-lo da terra. O ouro impunha uma disciplina natural à economia.

No entanto, o ouro tinha um problema grave: era pesado e perigoso de transportar. Se você quisesse fazer uma grande compra em outra cidade, arriscava ser roubado na estrada. Para resolver isso, surgiram os bancos. Você depositava seu ouro em um cofre seguro e o banqueiro lhe dava um recibo de papel que dizia: "Vale 10 moedas de ouro". Era muito mais fácil carregar o papel do que o metal.

Durante séculos, esses papéis (cédulas) eram lastreados em ouro. O papel era apenas um comprovante de propriedade. Mas, ao longo do século XX, os governos perceberam que ter o dinheiro atrelado ao ouro limitava seus gastos. Se quisessem financiar uma guerra ou um grande projeto público, precisavam de mais ouro.

Em 1971, houve uma ruptura fundamental. Os Estados Unidos, sob o governo de Richard Nixon, romperam a ligação direta entre o dólar e o ouro. De repente, o dinheiro deixou de ser um recibo de algo valioso e passou a ser **moeda fiduciária** (do latim *fidus*, confiança). O dinheiro passou a valer apenas porque o governo dizia que valia e porque as pessoas confiavam no governo.

Hoje, a maioria das transações é digital. Você recebe um depósito direto, usa um cartão de crédito ou faz um Pix. O dinheiro físico está desaparecendo. Mas, embora a forma seja digital, o sistema por trás dele ainda é o mesmo sistema fiduciário centralizado criado no século passado, sujeito à manipulação política e à desvalorização.

A evolução não parou. Estamos no limiar da próxima grande mudança: a transição do dinheiro estatal centralizado para o dinheiro digital descentralizado.

0.2 O Problema da Centralização e da Inflação Infinita

Você já se perguntou por que os preços sobem?

A maioria das pessoas acredita que a inflação é o aumento dos preços dos produtos: o leite fica mais caro, a gasolina sobe, o aluguel dispara. Mas essa é uma visão equivocada. A inflação não é o preço das coisas subindo; é o **valor do seu dinheiro caindo**.

Pense no dinheiro como uma pizza gigante que representa toda a riqueza da economia. Se o governo decide cortar a pizza em mais pedaços, ele não criou mais comida. Ele apenas fez com que cada pedaço ficasse menor. Quando um Banco Central "imprime" dinheiro (ou, hoje em dia, digita números em um computador para criar crédito), ele está diluindo o valor de cada nota que você tem no bolso ou na conta bancária.

Este é o problema central da **centralização**.

No sistema atual, um pequeno grupo de pessoas — banqueiros centrais e políticos — tem o poder absoluto de decidir quanto dinheiro existe na economia. Eles não precisam da sua permissão para criar mais dinheiro, mas você paga o preço por isso.

A inflação é, na prática, um imposto invisível. Ninguém lhe envia um boleto cobrando a inflação, mas ela rouba o seu poder de compra silenciosamente.

- Se você guardou R$ 100,00 embaixo do colchão em 1994 (no início do

Real), hoje esse dinheiro compra uma fração minúscula do que comprava naquela época.

- Isso força você a se tornar um investidor arriscado apenas para manter o valor do que ganhou.

A centralização traz outro risco: a censura e o controle. Como o seu dinheiro é, na verdade, um registro no banco de dados de um banco privado ou estatal, ele pode ser congelado. Vimos isso acontecer no Brasil durante o confisco da poupança no governo Collor. Vimos acontecer na Grécia, no Chipre e, mais recentemente, no Canadá e na Rússia por motivos geopolíticos.

Se o seu dinheiro está no banco, ele não é tecnicamente seu. Você é um credor do banco. Se o banco quebrar ou se o governo decidir bloquear, você perde o acesso instantaneamente.

Vivemos sob um sistema de "confiança forçada". Somos obrigados a confiar que o governo não vai imprimir dinheiro demais (gerando hiperinflação) e que os bancos serão responsáveis com nossos depósitos. Infelizmente, a história nos mostra repetidamente que essa confiança é frequentemente quebrada.

A fragilidade desse sistema centralizado ficou evidente para o mundo inteiro em 2008, criando o cenário perfeito para o surgimento de algo radicalmente novo.

0.3 Por Que o Bitcoin Foi Criado: A Gênese de 2008

O ano era 2008. O mundo estava à beira do colapso financeiro total.

Grandes bancos de investimento, que por décadas foram vistos como pilares inabaláveis da economia global, estavam falindo da noite para o dia. O Lehman Brothers colapsou. O mercado imobiliário americano derreteu, levando consigo as economias de milhões de trabalhadores honestos. A ganância excessiva, a falta de transparência e a irresponsabilidade dos gestores centralizados criaram uma bolha tóxica que explodiu no colo da população.

A resposta dos governos? Imprimir trilhões de dólares para salvar os bancos ("bailouts"). O lucro dos bancos era privado, mas o prejuízo foi socializado. O cidadão comum, que perdeu sua casa ou seu emprego, viu seus impostos serem usados para resgatar as mesmas instituições que causaram o problema.

Foi nesse cenário de caos e desconfiança absoluta que, em 31 de outubro de 2008, uma entidade anônima usando o pseudônimo **Satoshi Nakamoto** publicou um documento técnico (Whitepaper) em uma lista de e-mails de criptografia.

O título era simples e técnico: *"Bitcoin: A Peer-to-Peer Electronic Cash System"* (Bitcoin: Um Sistema de Dinheiro Eletrônico Ponto-a-Ponto).

Satoshi não estava propondo apenas uma nova forma de pagamento como o PayPal. Ele estava propondo uma nova forma de **dinheiro**. Um dinheiro que não dependesse de bancos, nem de governos. Um sistema onde você não precisasse confiar em intermediários humanos falíveis.

Em 3 de janeiro de 2009, o primeiro bloco do Bitcoin (chamado de Bloco Gênese) foi minerado. Nele, Satoshi deixou uma mensagem oculta no código, uma manchete do jornal *The Times* daquele dia:

"The Times 03/Jan/2009 Chancellor on brink of second bailout for banks." (Chanceler à beira de segundo resgate para os bancos).

Essa mensagem foi uma declaração de intenções. O Bitcoin não nasceu como uma "maneira de ficar rico rápido". Ele nasceu como um bote salva-vidas. Foi um protesto tecnológico contra a corrupção do sistema financeiro tradicional.

Pela primeira vez na história, tínhamos um ativo digital que era:

1. **Escasso:** Só existirão 21 milhões de unidades. Nunca mais.
2. **Incensurável:** Ninguém pode impedir você de enviar ou receber.
3. **Descentralizado:** Nenhuma empresa ou governo controla a rede.

O Bitcoin resolveu o problema que os cientistas da computação tentavam resolver há décadas: como criar escassez digital sem um administrador central. Antes do Bitcoin, tudo o que era digital (uma foto, um MP3, um PDF) podia ser copiado infinitamente (Ctrl+C, Ctrl+V). Se eu te envio uma foto por e-mail, eu fico com uma cópia e você com outra. Isso não serve para dinheiro.

Satoshi criou a **escassez digital absoluta**. O Bitcoin foi a resposta de 2008 para garantir que a crise de confiança daquele ano nunca mais precisasse ameaçar a soberania individual de quem optasse por sair do sistema.

0.4 O Novo Paradigma: Da Confiança em Instituições à Confiança no Código

Estamos vivendo uma mudança de era. Durante séculos, a base da sociedade foi a confiança nas instituições. Confiávamos no banco para guardar o ouro, no cartório para validar a escritura da casa, no governo para manter a moeda estável.

O problema é que "confiança" é uma falha de segurança. Instituições são geridas por humanos, e humanos têm vieses, cometem erros, podem ser corrompidos ou pressionados politicamente.

O novo paradigma trazido pelo Bitcoin e pela tecnologia Blockchain é: "**Don't Trust, Verify**" (Não confie, verifique).

Neste novo mundo, substituímos a confiança em burocratas pela confiança na matemática e no código de programação.

- **2 + 2 = 4.** Isso é uma verdade universal. Não depende da opinião do presidente do Banco Central, nem do humor do mercado.
- O código do Bitcoin é aberto (Open Source). Qualquer pessoa, em qualquer lugar do mundo, pode auditá-lo. As regras são claras e iguais para todos, seja você um bilionário em Nova York ou um estudante no Brasil.

Isso nos leva ao conceito de **Soberania Digital**.

Soberania significa que você é a autoridade suprema sobre seus próprios bens. No mundo das criptomoedas, se você detém as suas chaves privadas (uma espécie de senha mestra que explicaremos mais adiante), ninguém no mundo pode confiscar seus ativos.

Isso é assustador para alguns, pois traz responsabilidade total. Não há um "0800" para ligar se você esquecer sua senha. Mas é incrivelmente libertador. Significa que o fruto do seu trabalho está protegido por uma muralha de criptografia impenetrável, longe das garras da inflação e da intervenção estatal.

Este livro é o seu manual para navegar essa transição. Você deixará de ser um passageiro passivo na economia tradicional para se tornar o capitão do seu próprio destino financeiro.

0.5 Como Usar Este Livro: Seu Roteiro para a Liberdade

Este não é um livro de apostas. Se você está procurando a "moeda mágica" que vai transformá-lo em milionário até a próxima terça-feira para que você possa comprar uma Lamborghini, peço gentilmente que feche este livro agora. Você será uma presa fácil para golpistas.

Este livro é um guia de estratégia, segurança e construção de riqueza sólida a longo prazo.

Eu escrevi este material para levá-lo do zero absoluta — talvez você nem saiba o que é uma Blockchain — até um nível de competência onde você se sinta seguro para investir quantias significativas e gerenciar sua própria custódia.

A estrutura da sua jornada:

- **Fundamentos (Capítulos 1-3):** Vamos desconstruir o Bitcoin e a

Blockchain. Você entenderá por que o Bitcoin é chamado de "Ouro Digital" e como o Ethereum criou um computador mundial. Sem "tecnês" desnecessário.

- **O Ecossistema (Capítulos 4-5):** Vamos explorar o vasto mundo das Altcoins (criptomoedas alternativas), aprender a separar projetos sérios de golpes e entender como comprar e vender na prática.
- **Segurança Máxima (Capítulo 6):** Este é, talvez, o capítulo mais importante. Você aprenderá a frase "Not your keys, not your coins" (Sem suas chaves, sem suas moedas) e como criar um cofre digital inviolável.
- **Estratégia e Mente (Capítulos 7-10):** A tecnologia é fácil; a psicologia é difícil. Vamos dominar os ciclos de mercado para saber quando comprar e quando vender, e explorar o futuro das finanças descentralizadas (DeFi).

Dica Pro: Ao longo do livro, você encontrará caixas como esta. Elas contêm resumos táticos ou avisos de segurança críticos baseados em erros que eu mesmo cometi ou vi outros cometerem.

A nova economia já começou. As portas estão abertas, mas elas não ficarão abertas para sempre com as oportunidades assimétricas que vemos hoje. Você chegou na hora certa.

Respire fundo. Esqueça o ruído das notícias sensacionalistas. Vamos começar a construir sua soberania.

Resumo do Capítulo

Principais Ideias:

- O dinheiro é uma tecnologia que evolui (Escambo -> Ouro -> Papel -> Digital).
- A inflação não é o aumento de preços, mas a perda de valor do dinheiro causada pela impressão excessiva por governos centralizados.
- O Bitcoin nasceu em 2008 como uma resposta à crise financeira,

oferecendo um sistema alternativo, escasso e descentralizado.

- Estamos migrando de um sistema baseado em confiança institucional para um baseado em verificação matemática (código).

Passos de Ação:

1. **Reflexão:** Pense em quanto o seu dinheiro "perdeu" de valor nos últimos 5 anos. O que você comprava com R$ 100,00 antes e o que compra agora?
2. **Compromisso:** Decida ler este livro não apenas como entretenimento, mas como um curso de formação financeira.
3. **Mentalidade:** Prepare-se para assumir a responsabilidade total pelas suas finanças. A liberdade tem um preço: a vigilância.

Capítulo 1: Bitcoin – O Ouro Digital e a Base de Tudo

Bem-vindo à toca do coelho. Se você está aqui, é porque percebeu que algo mudou na maneira como o mundo enxerga o valor. Talvez você tenha ouvido falar de Bitcoin nas notícias quando o preço subiu, ou talvez um amigo tenha insistido que você precisava "comprar nem que fosse um pouquinho".

Mas antes de comprar, você precisa entender. E não estou falando de entender código de programação. Estou falando de entender o *porquê*.

Imagine que estamos em 2009. O sistema financeiro global está em colapso. Bancos estão sendo resgatados com dinheiro público. A confiança nas instituições está no fundo do poço. Nesse cenário caótico, uma pessoa (ou grupo) sob o pseudônimo de Satoshi Nakamoto lança silenciosamente uma ferramenta que mudaria a história: o Bitcoin.

Neste capítulo, vamos desmontar o mito, ignorar o hype e olhar para a máquina sob o capô. Vamos descobrir por que o Bitcoin não é apenas uma "moeda de internet", mas a maior invenção contábil da história da humanidade.

1.1 O Que é Bitcoin Realmente? (Explicação Sem "Tecnês")

Esqueça, por um momento, as imagens de moedas douradas com um "B" estampado que você vê nos jornais. O Bitcoin não é físico. Você não pode segurá-lo, colocá-lo no bolso ou escondê-lo debaixo do colchão (pelo menos, não fisicamente).

Para entender o que o Bitcoin realmente é, precisamos olhar para como o dinheiro funciona hoje. Quando você abre o aplicativo do seu banco e vê que tem R$ 5.000,00 na conta, aquele dinheiro não está lá em notas de papel guardadas em um cofre com o seu nome. Aquele número é apenas uma entrada em um banco de dados digital — um registro que o banco controla.

Você confia no banco para manter esse registro honesto. Você confia que eles não vão apagar seu saldo por erro, que não vão bloquear sua conta arbitrariamente e que não vão emprestar seu dinheiro de forma irresponsável (embora a história mostre que isso acontece).

O Bitcoin é a solução para o problema da confiança.

Em termos simples, o Bitcoin é um **Livro-Razão Digital Gigante e Compartilhado**. Pense nele como uma planilha de Excel global que contém o registro de todas as transações já feitas na história da rede.

Mas aqui está a mágica:

1. **Ninguém é dono da planilha:** Ela não fica no servidor de um banco ou do governo. Ela existe simultaneamente em milhares de computadores ao redor do mundo.
2. **Todo mundo vigia todo mundo:** Se alguém tentar alterar uma linha dessa planilha para dizer que tem mais dinheiro do que realmente tem, todos os outros computadores rejeitam essa alteração instantaneamente.
3. **É incensurável:** Como não há um "chefe" ou uma sede central, ninguém pode impedir você de enviar valor para outra pessoa, seja ela seu vizinho ou alguém no Japão, num domingo à noite ou num feriado bancário.

A História de Ana e a Transferência Impossível

Deixe-me contar sobre a Ana, uma designer gráfica brasileira que presta serviços para uma empresa no Canadá. Pelo sistema tradicional, receber seu pagamento era um pesadelo: taxas de câmbio abusivas, dias de espera para a transferência internacional (SWIFT) ser processada e uma papelada infinita no banco para justificar o recebimento.

Um dia, seu cliente sugeriu pagar em Bitcoin. Ana, cética, criou uma carteira digital (um aplicativo no celular) em minutos. O cliente enviou o pagamento. Dez minutos depois, o valor estava lá, integralmente, sem intermediários, sem gerentes pedindo explicações e com uma taxa irrisória.

Para Ana, aquilo não era apenas "dinheiro digital"; era uma tecnologia de liberdade. Ela percebeu que o Bitcoin funciona como um e-mail para o dinheiro. Quando você manda um e-mail, você não precisa pedir permissão aos Correios. Você apenas clica em enviar. O Bitcoin faz a mesma coisa com o valor financeiro.

Portanto, o que é Bitcoin? É o primeiro sistema de dinheiro digital descentralizado e escasso do mundo. É uma rede de pagamentos e, ao mesmo tempo, o ativo (a moeda) que circula nessa rede. Ele elimina o "homem do meio". É dinheiro de pessoa para pessoa (Peer-to-Peer), baseado em matemática, não em política.

1.2 A Escassez Absoluta: Entendendo o Limite de 21 Milhões

Se eu tivesse que escolher apenas uma característica que define o valor do Bitcoin, seria esta: **escassez absoluta**.

Vivemos em um mundo onde quase tudo pode ser inflacionado se houver demanda suficiente.

- Se o preço dos imóveis sobe, construtoras fazem mais prédios.
- Se o preço do ouro sobe, mineradoras investem em equipamentos mais potentes para extrair mais ouro da terra.
- Se o governo precisa de mais dinheiro para pagar dívidas, o Banco Central imprime mais moeda (ou digita zeros no computador).

O problema da impressão de dinheiro é que ela dilui o valor do dinheiro que você já tem. É como cortar uma pizza em fatias cada vez mais finas: você tem mais pedaços, mas não tem mais pizza. Isso é a inflação.

O Bitcoin quebra essa regra.

No código-fonte do Bitcoin, existe uma lei imutável: **jamais existirão mais do que 21 milhões de unidades de Bitcoin.**

Não importa o quanto o preço suba. Não importa o quanto os governos queiram mais. Não importa o quanto a demanda aumente. A oferta é matematicamente travada. Atualmente, cerca de 19 milhões já foram minerados, e os últimos fragmentos serão minerados lentamente até o ano de 2140.

Por que isso importa para o seu patrimônio?

Imagine que você possui 1 Bitcoin. Você sabe, com certeza matemática, que possui 1/21.000.000 de todo o fornecimento que jamais existirá. Ninguém pode diluir sua participação. É como comprar um terreno na ilha de Manhattan: a terra é limitada. Se a cidade cresce e mais gente quer morar lá, o valor do seu terreno só pode subir, porque não dá para "fabricar" mais terra em Manhattan.

💡 **Dica Pro:** Você não precisa comprar 1 Bitcoin inteiro! Muitas pessoas desistem de investir porque olham o preço de um Bitcoin (que pode custar dezenas de milhares de dólares) e acham que é caro demais. O Bitcoin é divisível em 100 milhões de pedacinhos chamados **Satoshis** (ou "sats"). Você pode comprar R$ 50,00 ou R$ 100,00 de Bitcoin. Ao fazer isso, você está comprando uma fração, ou alguns milhares de Satoshis. A estratégia é acumular Satoshis, não necessariamente Bitcoins inteiros.

Essa escassez faz do Bitcoin a melhor ferramenta de proteção contra a degradação do dinheiro estatal. Enquanto o Real, o Dólar e o Euro perdem poder de compra todos os anos porque a oferta aumenta, o Bitcoin tende a ganhar poder de compra no longo prazo porque sua oferta é fixa e a demanda tende a crescer com a adoção global.

É a lei mais básica da economia: Oferta Inelástica + Demanda Crescente = Valorização Exponencial.

1.3 Halving: O Mecanismo que Controla a Oferta e Demanda

Agora que você entendeu que o Bitcoin é escasso, você precisa entender *como* ele é distribuído. Diferente dos bancos centrais, que decidem as taxas de juros e a impressão de dinheiro em reuniões a portas fechadas, a política monetária do Bitcoin foi escrita em pedra (ou melhor, em código) no dia em que nasceu.

Essa política monetária gira em torno de um evento chamado **Halving** (do inglês, "partir ao meio").

Como novos Bitcoins nascem? Novos Bitcoins são criados como recompensa para os "mineradores" (computadores que protegem a rede – falaremos deles na próxima seção). A cada 10 minutos, em média, um novo bloco de transações é processado, e o minerador que fez o trabalho recebe uma quantidade de novos Bitcoins.

No início, em 2009, a recompensa era de 50 Bitcoins a cada 10 minutos. Era muito fácil conseguir Bitcoin. Mas Satoshi programou uma regra: a cada 210.000 blocos (o que leva aproximadamente 4 anos), **essa recompensa é cortada pela metade.**

Acompanhe a cronologia:

- **2009:** 50 BTC por bloco.
- **2012 (1º Halving):** A recompensa caiu para 25 BTC.
- **2016 (2º Halving):** Caiu para 12,5 BTC.
- **2020 (3º Halving):** Caiu para 6,25 BTC.
- **2024 (4º Halving):** Caiu para 3,125 BTC.

E assim continuará até que a recompensa chegue a zero, por volta de 2140.

O Choque de Oferta

O Halving é o coração pulsante dos ciclos de mercado do Bitcoin. Imagine se, de repente, a produção mundial de ouro caísse pela metade, mas as pessoas continuassem querendo comprar alianças e barras de ouro na mesma intensidade. O que aconteceria com o preço? Ele dispararia.

No Bitcoin, isso acontece programaticamente a cada quatro anos. O mercado recebe um "choque de oferta". A quantidade de novos Bitcoins entrando no mercado para venda diminui drasticamente. Se a demanda se mantiver a mesma ou aumentar, o preço é forçado a subir para encontrar um novo equilíbrio.

Historicamente, o ano seguinte ao Halving costuma marcar o início de um "Bull Market" (mercado de alta), onde o preço do Bitcoin atinge novas máximas históricas. Foi assim em 2013, em 2017 e em 2021.

Entender o Halving é vital para controlar sua ansiedade. O Bitcoin funciona em ciclos de 4 anos.

1. O ano do choque (Halving).
2. O ano da euforia (alta explosiva).
3. O ano da correção (queda drástica – o "inverno cripto").
4. O ano da acumulação (preço lateralizado, recuperação lenta).

Saber onde estamos nesse ciclo é o que diferencia o investidor inteligente do apostador emocionado. O investidor inteligente usa os períodos de baixa e acumulação para comprar, sabendo que a escassez matemática do próximo Halving fará o seu trabalho.

1.4 Prova de Trabalho (Proof of Work): Por Que a Energia é Segurança

Chegamos a um dos tópicos mais polêmicos e mal compreendidos: o consumo de energia do Bitcoin. Você provavelmente já leu manchetes dizendo que "o Bitcoin gasta mais energia que a Argentina" ou que "é ruim para o meio ambiente".

Vamos desmistificar isso agora.

O sistema que garante a segurança do Bitcoin chama-se **Proof of Work** (Prova de Trabalho). Lembra da planilha gigante compartilhada? Para adicionar uma nova página (um novo bloco) nessa planilha, os computadores da rede (os mineradores) precisam resolver um problema matemático extremamente complexo.

Esse problema exige que o computador faça trilhões de tentativas por segundo, gastando eletricidade real. O primeiro que resolver o problema ganha o direito de escrever o próximo bloco e recebe a recompensa em Bitcoin.

Por que desperdiçar energia resolvendo problemas matemáticos?

A energia não é desperdiçada; ela é **transformada em segurança**.

Imagine que o Bitcoin é um cofre digital que guarda trilhões de dólares de milhões de pessoas. Como protegê-lo sem um exército, sem polícia e sem um governo? A resposta é: tornando o ataque financeiramente inviável.

Para alguém tentar fraudar o Bitcoin - por exemplo, gastar o mesmo dinheiro duas vezes ou reverter uma transação - essa pessoa precisaria ter mais poder computacional do que todos os outros mineradores do mundo combinados. O custo de eletricidade e equipamento para fazer isso seria tão astronômico que o ataque se torna impossível na prática.

A energia gasta na mineração cria uma "muralha digital" impenetrável. É o que chamamos de **Elo com o Mundo Físico**. O Bitcoin é o único ativo digital que tem um custo de produção atrelado à física (termodinâmica). Você não pode "falsificar" energia. Ou você gastou a energia para minerar, ou não gastou. Isso torna o Bitcoin honesto.

A Perspectiva Ecológica

Além disso, a narrativa ambiental muitas vezes ignora dois fatos:

1. **O sistema bancário atual também gasta energia:** Prédios com ar-condicionado acesos 24 horas, transporte de carros-fortes, servidores bancários, impressão de papel-moeda e até o aparato militar necessário para manter o Dólar como moeda de reserva global.
2. **O Bitcoin incentiva energia renovável:** Mineradores buscam a energia mais barata do mundo para lucrar. Frequentemente, a energia mais barata é aquela que seria desperdiçada (ex: hidrelétricas com excesso de água, ou gás de queima em campos de petróleo). O Bitcoin financia infraestrutura elétrica em locais remotos, atuando como um comprador de energia de última instância.

Portanto, quando ouvir sobre o consumo de energia, mude sua perspectiva: não é um bug, é uma funcionalidade. É o preço que pagamos para ter uma rede monetária global, incorruptível e que não depende de políticos. É a energia que garante a sua soberania.

1.5 Mitos Comuns: "Bitcoin é para Criminosos" e "Bitcoin é uma Bolha"

Se você comentar no jantar de domingo que está comprando Bitcoin, prepare-se. Seu tio cético ou seu amigo conservador provavelmente repetirão frases que ouviram na TV há cinco anos. Vamos armar você com fatos para blindar sua mente (e talvez vencer o debate).

Mito 1: "Bitcoin é moeda de criminosos e lavagem de dinheiro"

Essa é a mentira favorita dos reguladores. A realidade é irônica: o Bitcoin é a **pior** moeda possível para cometer crimes. Por quê? Porque o Bitcoin é um livro-razão **público**. Todas as transações ficam gravadas para sempre na Blockchain e qualquer pessoa no mundo pode auditá-las.

Se um criminoso usa Bitcoin, ele deixa um rastro digital eterno. Hoje, existem empresas de inteligência que rastreiam esses movimentos. É muito mais fácil para a polícia pegar um criminoso que usa Bitcoin do que um que usa dinheiro vivo.

A moeda preferida do crime organizado, do tráfico e da corrupção continua sendo o **Dólar Americano em espécie** (e o Euro). Notas de papel não deixam rastro digital, não têm histórico e são aceitas em qualquer lugar. Segundo relatórios da própria Chainalysis (empresa de análise de blockchain), as atividades ilícitas correspondem a menos de 0,34% de todo o volume de transações em cripto. O sistema financeiro tradicional movimenta, percentualmente, muito mais dinheiro sujo.

Mito 2: "O Bitcoin é uma bolha (como as Tulipas)"

Os críticos chamam o Bitcoin de bolha desde que ele custava US$ 10,00. Depois quando custava US$ 100,00. Depois US$ 1.000,00. E continuam chamando agora que vale dezenas de milhares.

Uma bolha financeira é caracterizada por uma alta irracional seguida de um colapso total do qual o ativo nunca se recupera (como aconteceu com as tulipas na Holanda no século XVII). O Bitcoin faz o oposto: ele tem ciclos de alta e baixa, sim, mas a cada ciclo, o "fundo" do preço é mais alto que o anterior.

- 2011: Caiu de $30 para $2.
- 2013: Caiu de $1.100 para $200.
- 2017: Caiu de $20.000 para $3.000.
- 2021: Caiu de $69.000 para $15.000.

Perceba o padrão? O Bitcoin "morre" e renasce constantemente, mas a tendência de longo prazo (num gráfico logarítmico) é de alta. Isso não é uma bolha; é a curva de adoção de uma nova tecnologia, similar à adoção da internet nos anos 90. É volátil, assustador às vezes, mas inexorável.

Mito 3: "Já é tarde demais para entrar"

Estima-se que apenas cerca de 4% a 5% da população mundial possua algum Bitcoin. Se você está lendo isso, você ainda é um *early adopter* (adotante inicial). A grande massa, os fundos de pensão trilionários e os governos, estão apenas começando a entrar agora. Você não chegou tarde; você chegou antes da festa principal.

1.6 Bitcoin vs. Ouro vs. Dólar: Um Comparativo Histórico

Para consolidar o conhecimento deste capítulo, precisamos comparar o Bitcoin com os reis do dinheiro antigo: o Ouro (a reserva de valor clássica) e o Dólar (a moeda fiduciária dominante).

Para um ativo ser considerado "dinheiro bom", ele precisa ter certas propriedades. Vamos ver quem vence essa batalha.

1. **Escassez (Reserva de Valor):**

- **Dólar:** Péssimo. Pode ser impresso infinitamente. Perde valor todo ano.
- **Ouro:** Bom. É difícil de extrair, mas se o preço subir muito, mineradoras acham mais ouro. A oferta cresce cerca de 2% ao ano.

- **Bitcoin:** Perfeito. Estritamente limitado a 21 milhões. A oferta diminui com o tempo (Halving).
- **Vencedor: Bitcoin.**

2. Portabilidade (Facilidade de transportar):

- **Dólar:** Razoável. Cartões são fáceis, mas malas de dinheiro são pesadas e cruzar fronteiras com mais de $10.000 é burocrático ou ilegal.
- **Ouro:** Péssimo. É pesado, difícil de esconder e perigoso de transportar. Tente embarcar num avião com uma barra de ouro.
- **Bitcoin:** Perfeito. Você pode transportar 1 bilhão de dólares na sua cabeça, memorizando 12 palavras (sua senha). Pode cruzar qualquer fronteira pelado e ainda assim levar toda a sua riqueza com você.
- **Vencedor: Bitcoin.**

3. Durabilidade:

- **Dólar:** Fraco. Papel rasga, bancos de dados podem ser corrompidos ou confiscados.
- **Ouro:** Excelente. O ouro é quimicamente indestrutível. O ouro dos Faraós ainda existe hoje.
- **Bitcoin:** Excelente. Enquanto a internet existir, o Bitcoin existirá. A rede é distribuída em milhares de computadores.
- **Vencedor: Empate entre Ouro e Bitcoin.**

4. Divisibilidade:

- **Dólar:** Bom (até centavos).
- **Ouro:** Ruim. É difícil pagar um café raspando um pedaço de uma barra de ouro.
- **Bitcoin:** Excelente. Divisível até 8 casas decimais (0.00000001 BTC).
- **Vencedor: Bitcoin.**

Conclusão do Comparativo: O Ouro foi o dinheiro perfeito para a era analógica. O Dólar foi necessário para a era da centralização bancária. O Bitcoin é o dinheiro projetado para a era digital. Ele combina a escassez do ouro com a velocidade da internet, eliminando as falhas de ambos.

Muitos chamam o Bitcoin de "Ouro Digital", mas essa comparação é modesta. O Bitcoin é o ouro, só que com teletransporte, invisibilidade e uma auditoria matemática impossível de fraudar.

📝 Resumo do Capítulo 1

Agora você entende que o Bitcoin não é mágica, é uma necessidade evolutiva do dinheiro.

Principais Ideias:

- **Descentralização:** O Bitcoin é um livro de contabilidade público que ninguém controla, mas todos podem verificar.
- **Escassez Real:** Só existirão 21 milhões de unidades. Isso protege seu poder de compra contra a inflação dos governos.
- **Halving:** A cada 4 anos, a produção de Bitcoin cai pela metade, criando choques de oferta que historicamente impulsionam o preço.
- **Segurança:** A energia gasta na mineração (Proof of Work) é o que torna a rede impossível de ser hackeada.

Passos de Ação:

1. **Reflexão:** Pense em quanto tempo você gasta trabalhando para ganhar dinheiro. Agora pense: esse dinheiro mantém seu valor ou derrete com a inflação?
2. **Estudo:** Não acredite apenas neste livro. Pesquise "Gráfico do poder de compra do Dólar nos últimos 100 anos" e compare com o gráfico logarítmico do Bitcoin.

3. **Preparação:** No próximo capítulo, vamos mergulhar na tecnologia que torna tudo isso possível: a Blockchain. Prepare-se para entender como os blocos se encaixam.

Capítulo 2: A Tecnologia Blockchain Desmistificada

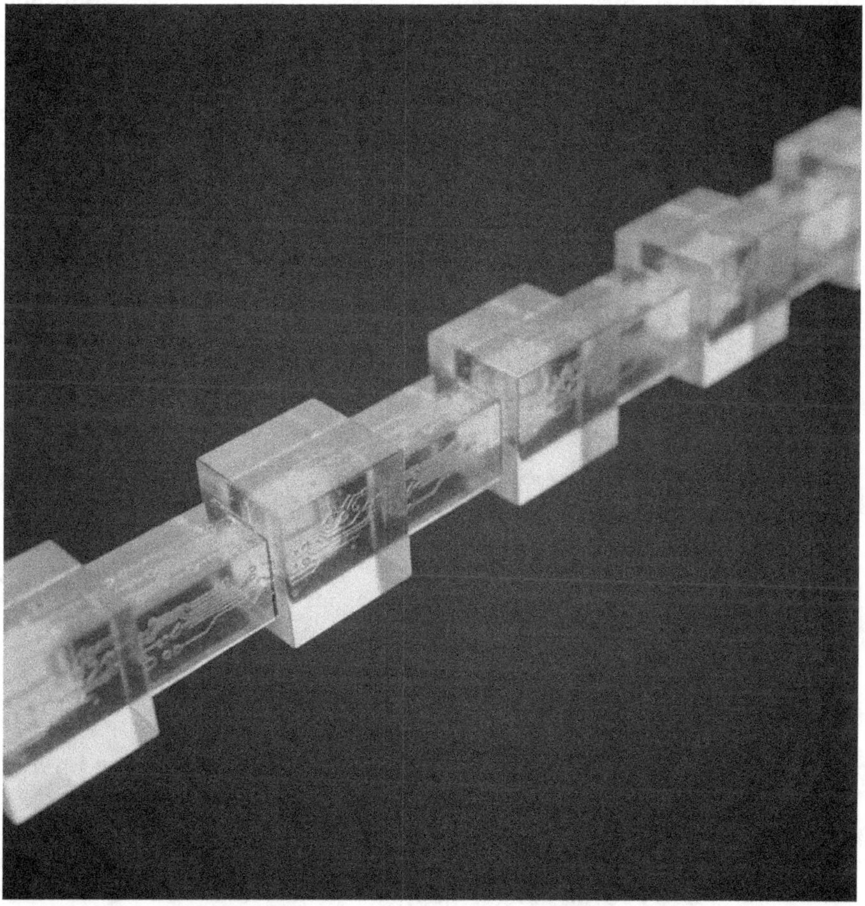

Se você já tentou ler sobre como o Bitcoin funciona, provavelmente se deparou com uma parede de jargões técnicos: *nodes, hashing, Merkle trees, nonce*. É o suficiente para fazer qualquer pessoa inteligente fechar o navegador e voltar para o conforto (e a ineficiência) do seu banco tradicional.

Mas aqui está a boa notícia: você não precisa ser um engenheiro de software para entender a blockchain, assim como não precisa entender de termodinâmica e injeção eletrônica para dirigir seu carro até o trabalho. Você só precisa entender o que ela *faz* e por que ela é mais segura do que o sistema que usamos hoje.

Neste capítulo, vamos desmontar o motor do Bitcoin. Vamos tirar o "tecnês" e olhar para a mecânica simples, elegante e revolucionária que permite que você envie valor para o outro lado do mundo sem pedir permissão a ninguém.

2.1 O Livro-Razão Distribuído: Uma Analogia Simples

Para entender a blockchain, precisamos primeiro esquecer a palavra "blockchain" por um minuto e focar em algo que a humanidade usa há milênios: o **Livro-Razão** (ou *Ledger*).

Um livro-razão nada mais é do que um registro de quem tem o quê. O banco onde você tem conta possui um livro-razão enorme. Nele, há uma linha que diz: "João tem R$ 5.000,00". Quando você envia R$ 100,00 para a Maria, o banco altera seu livro-razão: "João agora tem R$ 4.900,00" e "Maria agora tem +R$ 100,00".

O problema desse sistema tradicional é que o livro-razão é **centralizado**. Ele fica trancado nos servidores do banco. Você não pode vê-lo. Você não pode auditá-lo. Você tem que *confiar* que o banco não vai cometer erros, que não será hackeado e que não vai congelar seu dinheiro porque não gostou da transação. É um "Livro-Razão Fechado".

A blockchain é o oposto disso. Ela é um **Livro-Razão Distribuído**.

Imagine um grupo de amigos que joga pôquer toda sexta-feira, mas ninguém trouxe dinheiro físico. Eles decidem anotar as apostas em um caderno. Mas, em vez de deixar o caderno com uma única pessoa (que poderia apagar uma dívida ou adicionar créditos para si mesma escondida), todos os jogadores decidem ter seu próprio caderno.

A regra é a seguinte:

1. Sempre que alguém faz uma aposta ou transferência, anuncia em voz alta para todos na mesa.
2. Todos os jogadores, ao mesmo tempo, escrevem essa transação em seus próprios cadernos.
3. A cada rodada, todos comparam os cadernos. Se o caderno do Bruno diz algo diferente dos cadernos dos outros cinco jogadores, o grupo sabe que o Bruno está mentindo ou errou. A versão da maioria prevalece.

Isso é a blockchain.

No mundo do Bitcoin, esse "caderno" é público e digital. Em vez de seis amigos, existem dezenas de milhares de computadores ao redor do mundo (chamados de **nós** ou *nodes*) mantendo uma cópia idêntica desse livro-razão.

Se um hacker invadir o computador de um desses nós e alterar o registro para dizer que ele tem 1 milhão de Bitcoins, os outros milhares de computadores vão olhar para seus próprios registros, ver que aquilo não bate com a verdade e rejeitar aquela alteração imediatamente.

Por que isso é revolucionário? Pela primeira vez na história, temos um sistema de contabilidade que não precisa de um "juiz" ou de uma autoridade central. A confiança não está em uma pessoa, mas na verificação constante entre todos os participantes.

Na blockchain, o livro-razão é transparente. Você pode, agora mesmo, entrar em um site "explorador de blocos" e ver todas as transações acontecendo em tempo real. Você não sabe *quem* são as pessoas (pois são representadas por códigos alfanuméricos), mas você pode verificar matematicamente que o dinheiro saiu do ponto A e foi para o ponto B, e que o sistema é íntegro.

Isso elimina o "ponto único de falha". Se o servidor do seu banco pegar fogo, seus dados podem estar em risco ou o sistema sai do ar. Se metade dos computadores que rodam o Bitcoin pegassem fogo hoje, a rede continuaria funcionando perfeitamente com a outra metade, sem perder um único centavo de registro.

2.2 Blocos, Hash e Mineração: Como a Rede se Mantém Viva

Agora que entendemos que a blockchain é um caderno compartilhado, como as páginas desse caderno são preenchidas? É aqui que entram os conceitos de **Blocos**, **Hash** e **Mineração**.

Pense na blockchain literalmente como uma "cadeia de blocos". Cada **bloco** é como uma página desse caderno contendo um grupo de transações recentes. Em média, a cada 10 minutos, uma nova página (bloco) é preenchida com transações, selada e adicionada à pilha de páginas anteriores.

Mas como garantimos que ninguém vai arrancar uma página antiga ou reescrevê-la? Usamos uma espécie de "lacre digital" chamado **Hash**.

O Que é um Hash? O Hash é uma impressão digital de dados. Imagine que você pega todo o texto de "Dom Casmurro" e passa por um algoritmo matemático. Esse algoritmo vai cuspir um código único de letras e números. Se você mudar uma única vírgula no livro inteiro e passar pelo algoritmo de novo, o código final (o Hash) mudará completamente.

Cada bloco no Bitcoin contém:

1. As transações atuais (João enviou para Maria).
2. O Hash (impressão digital) do **bloco anterior**.

Isso é genial porque cria um elo inquebrável. O Bloco 10 contém a impressão digital do Bloco 9. O Bloco 9 contém a do Bloco 8, e assim por diante. Se alguém tentar alterar uma transação no Bloco 8, o Hash do Bloco 8 muda. Como o Bloco 9 contém o Hash antigo do 8, ele não "encaixa" mais. A corrente se quebra e a rede percebe a fraude instantaneamente.

O Papel da Mineração Mas quem faz o trabalho de agrupar as transações, criar esse Hash e "selar" o bloco? Os **mineradores**.

Ao contrário do que o nome sugere, eles não estão escavando terra. Eles são computadores superpotentes competindo em uma loteria global. Para ter o direito de escrever a próxima página do livro (o próximo bloco) e ganhar a recompensa em Bitcoins por isso, o computador do minerador precisa resolver um problema matemático extremamente complexo.

Esse problema é como tentar adivinhar a combinação de um cadeado gigantesco. Não exige inteligência, exige força bruta e muitas tentativas por segundo. Isso consome energia elétrica – muita energia.

Por que gastar tanta energia? Isso se chama **Prova de Trabalho** (Proof of Work).

A energia gasta é o que garante a segurança. Se um atacante quisesse fraudar o Bitcoin e reescrever a história, ele precisaria ter mais poder computacional (e gastar mais energia) do que todos os outros mineradores do mundo combinados. Isso seria tão astronomicamente caro que torna o ataque economicamente inviável. É mais lucrativo jogar conforme as regras e ganhar Bitcoins honestamente do que tentar roubar a rede.

Resumindo o processo:

1. Você envia uma transação.
2. Ela vai para uma sala de espera (chamada *Mempool*).
3. Mineradores pegam sua transação e a colocam em um bloco candidato.
4. Eles competem gastando energia para encontrar a solução matemática (o Hash correto).
5. O vencedor anuncia: "Achei!".
6. Todos os outros computadores verificam (o que é fácil de fazer) e concordam.
7. O bloco é adicionado à corrente. Sua transação é confirmada e eternizada.

2.3 Descentralização: Por Que Ninguém Pode Desligar o Bitcoin

Muitas pessoas me perguntam: *"Mas e se o governo proibir o Bitcoin? E se desligarem a internet? E se a empresa dona do Bitcoin falir?"*

Essas perguntas surgem porque estamos condicionados a pensar em sistemas centralizados. Se você quer derrubar o Facebook, você processa a empresa Meta ou corta os servidores deles. Existe uma sede, um CEO, um endereço físico. Existe uma "cabeça" para cortar.

O Bitcoin é diferente. Ele não tem sede, não tem CEO, não tem departamento de marketing e não tem servidor central. Ele é uma **hidra**.

A descentralização significa que a rede vive em milhares de computadores independentes espalhados por todo o planeta – em apartamentos em Tóquio, em galpões no Texas, em garagens no Brasil e em data centers na Islândia.

Para "desligar" o Bitcoin, você precisaria ir a cada casa, em cada país do mundo, simultaneamente, e destruir cada computador que roda o software. E mesmo se você conseguisse destruir 99% deles, se sobrar um único computador com o histórico da blockchain, assim que ele se conectar a outro, a rede renasce e se propaga novamente.

Soberania Incensurável A descentralização traz uma característica fundamental para sua soberania financeira: a **resência à censura**.

Em sistemas bancários, sua conta pode ser congelada por motivos políticos, erros burocráticos ou disputas judiciais. No Canadá, durante os protestos de caminhoneiros em 2022, contas bancárias de doadores foram congeladas sem o devido processo legal. Na rede Bitcoin, isso é tecnicamente impossível.

Como não há um gerente ou uma autoridade central, ninguém pode impedir você de enviar uma transação. Se você tem a sua chave privada (sua senha) e acesso à internet (mesmo que seja via rádio ou satélite), você pode mover seu patrimônio. O protocolo não julga quem você é, de onde você é ou para quem você está enviando. Ele apenas verifica se a matemática é válida.

Essa é a verdadeira revolução: a separação entre o dinheiro e o Estado/-Corporações. A descentralização é o escudo que protege seu patrimônio da vontade arbitrária de terceiros.

2.4 A Imutabilidade: Por Que as Transações São Irreversíveis

Você já enviou um PIX errado ou fez uma compra no cartão de crédito da qual se arrependeu e pediu estorno? No sistema financeiro tradicional, transações são reversíveis. Alguém, em algum lugar, pode apertar um botão e desfazer o passado.

No Bitcoin, a **imutabilidade** é lei. Uma vez que uma transação tem uma certa quantidade de confirmações (geralmente após 6 blocos ou 1 hora), ela é considerada matematicamente impossível de ser revertida.

Lembra da analogia dos blocos encadeados pelos Hashes (impressões digitais)? Para alterar uma transação feita ontem, você teria que refazer todo o trabalho de energia gasto para selar o bloco de ontem, mais o bloco de hoje, e ultrapassar a velocidade de todos os mineradores atuais. É como tentar derrubar um arranha-céu e reconstruí-lo tijolo por tijolo antes que alguém perceba que a poeira subiu.

Isso soa assustador para novos usuários. *"E se eu errar o endereço? O dinheiro se perde para sempre?"* Sim. A responsabilidade é total e irrestrita. Não existe 0800 para ligar.

No entanto, essa imutabilidade é o que garante que o Bitcoin é **dinheiro duro**.

História de Sucesso: A Fuga para a Liberdade Considere a história real de Anita Posch e os ativistas de direitos humanos em países sob regimes autoritários na África e América Latina. Em muitos desses lugares, a moeda local perde valor diariamente (hiperinflação) e, se você tentar fugir do país, os guardas de fronteira confiscam dinheiro físico, ouro e joias.

A imutabilidade e a natureza digital da blockchain permitiram que refugiados cruzassem fronteiras sem nada nos bolsos, apenas memorizando 12 palavras (sua senha de acesso). Ao chegarem em um país seguro, eles puderam acessar seu patrimônio que estava gravado na blockchain. Ninguém pôde confiscar, ninguém pôde reverter as transações que eles receberam de familiares no exterior. A blockchain serviu como um banco suíço indestrutível em suas mentes. Para essas pessoas, a imutabilidade não é um recurso técnico; é uma questão de sobrevivência.

2.5 Blockchain Privada vs. Pública: Entenda a Diferença

Com o sucesso do Bitcoin, o termo "Blockchain" virou moda corporativa. Bancos, empresas de logística e governos começaram a anunciar suas próprias "Blockchains". Aqui, precisamos fazer uma distinção vital para que você não seja enganado por marketing.

Existem dois tipos principais:

1. **Blockchains Públicas (Permissionless):** Bitcoin, Ethereum.
2. **Blockchains Privadas (Permissioned):** Redes corporativas ou governamentais (ex: Drex, JPM Coin).

Blockchain Pública É aberta. Qualquer pessoa pode baixar o software, auditar o código, tornar-se um minerador ou validador. Ninguém é dono. É aqui que reside a verdadeira inovação de **ativos incensuráveis**. O Bitcoin é o rei dessa categoria.

Blockchain Privada É fechada. Você precisa de permissão para entrar. Os nós validadores são controlados por uma única entidade ou um consórcio de empresas. Se o Banco X cria uma blockchain, ele tem o poder de reescrever o histórico, censurar transações ou mudar as regras quando quiser.

Tecnicamente, uma blockchain privada é apenas um banco de dados lento e caro. As empresas usam o termo porque soa inovador, mas se uma autoridade central pode alterar os dados, toda a proposta de valor de "segurança sem confiança" desaparece.

Dica Pro: Quando alguém tentar lhe vender uma criptomoeda dizendo que é "melhor que o Bitcoin porque tem o apoio do Banco Tal", ligue o sinal de alerta. Eles estão provavelmente vendendo uma versão digital do sistema antigo, sem os benefícios de liberdade da verdadeira criptografia.

O Bitcoin não é sobre eficiência de banco de dados; é sobre **soberania**. E soberania só existe em redes públicas onde ninguém tem o botão de "desligar".

📝 Resumo do Capítulo

Principais Ideias:

- **Blockchain é um Livro-Razão:** Um caderno de contabilidade compartilhado onde todos vigiam todos, eliminando a necessidade de um banco central.
- **Segurança via Energia:** A mineração usa eletricidade para criar uma barreira de segurança intransponível, protegendo seu dinheiro.
- **Descentralização Real:** Não há sede ou CEO. O Bitcoin é resistente à censura e a ataques físicos.
- **Imutabilidade:** O que está gravado na blockchain é eterno. Isso gera confiança absoluta no histórico financeiro.
- **Pública vs. Privada:** Apenas blockchains públicas (como o Bitcoin) oferecem verdadeira liberdade. Blockchains privadas são apenas bancos de dados corporativos com um nome chique.

Passos de Ação:

1. **Visualize:** Pense no dinheiro que você tem no banco hoje. Ele é apenas um registro no servidor deles. Se eles apagarem, você perde. Agora pense no Bitcoin: um registro em milhares de computadores que você

também pode verificar.

2. **Explore:** Acesse um site como *mempool.space* (um visualizador de blocos do Bitcoin). Não precisa entender tudo, apenas observe os blocos (os quadrados coloridos) chegando a cada 10 minutos. Aquilo é o coração do sistema batendo em tempo real.
3. **Reflita:** Você prefere um dinheiro que pode ser revertido e censurado por humanos, ou um dinheiro governado por matemática imutável?

No próximo capítulo, vamos sair da base monetária do Bitcoin e explorar como essa mesma tecnologia evoluiu para criar algo ainda mais complexo: computadores mundiais e contratos que se autoexecutam com o Ethereum.

Capítulo 3: Ethereum e a Revolução dos Contratos Inteligentes

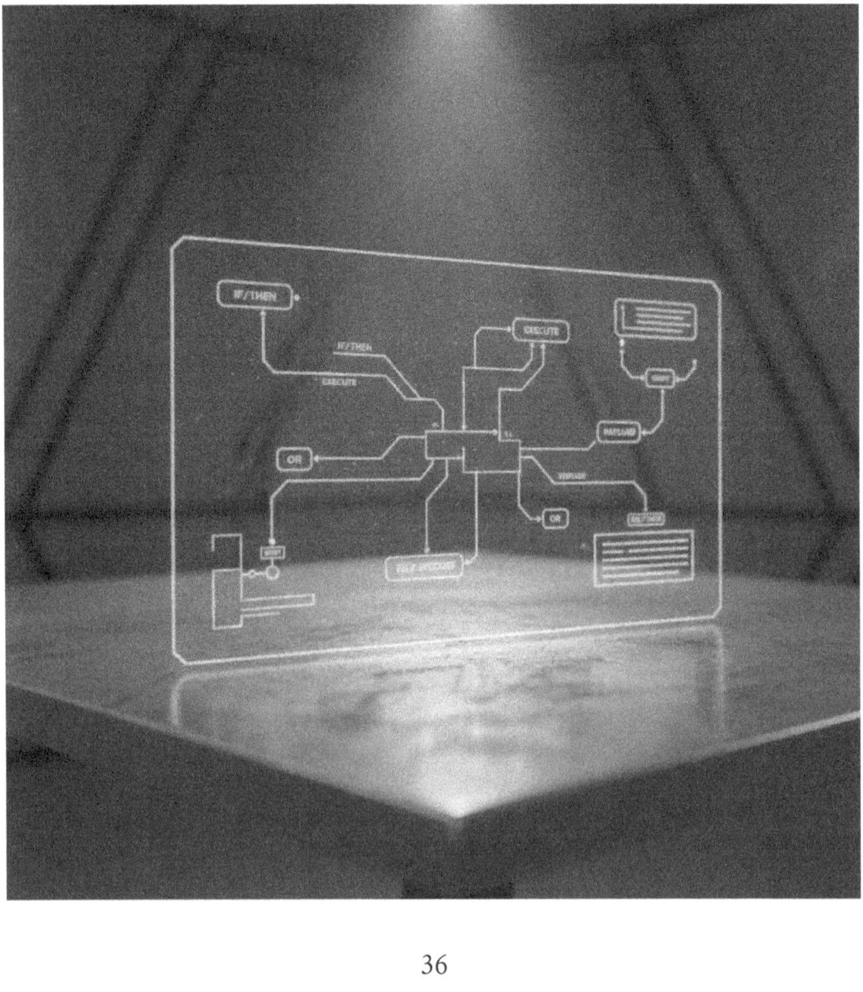

Se nos capítulos anteriores aprendemos como o Bitcoin reinventou o conceito de *ouro* e reserva de valor, agora estamos prestes a dar um salto quântico. Imagine que o Bitcoin é uma calculadora de bolso: extremamente segura, robusta e perfeita para fazer uma coisa específica (transações financeiras incensuráveis).

Agora, imagine que o Ethereum é um smartphone. Ele também faz cálculos, mas permite que você instale aplicativos, jogue, envie mensagens e programe funções complexas.

Bem-vindo à segunda revolução da Blockchain. Aqui, não estamos falando apenas de dinheiro; estamos falando de construir uma nova internet.

3.1 Além do Dinheiro: O Computador Mundial

Para entender o Ethereum, precisamos voltar brevemente a 2013 e conhecer a história de um jovem programador russo-canadense chamado **Vitalik Buterin**.

A lenda conta — e o próprio Vitalik confirmou — que a semente para a criação do Ethereum nasceu de uma frustração em um jogo online. Vitalik era um jogador ávido de *World of Warcraft*. Um dia, a empresa desenvolvedora do jogo, a Blizzard, lançou uma atualização que enfraqueceu drasticamente o feitiço favorito do seu personagem. Vitalik chorou até dormir naquela noite, percebendo uma verdade brutal: em plataformas centralizadas, você não é dono de nada. Um administrador pode mudar as regras do seu mundo com um simples clique.

Ele já conhecia o Bitcoin e escrevia para a *Bitcoin Magazine*. Ele adorava a ideia de um sistema sem governantes, mas sentia que o Bitcoin era limitado. A linguagem de programação do Bitcoin é intencionalmente restrita para garantir segurança máxima; ela não foi feita para rodar programas complexos.

Vitalik propôs uma ideia radical: e se criássemos uma Blockchain que não servisse apenas para registrar transações de moedas, mas que fosse uma plataforma de computação de uso geral?

Assim nasceu o **Ethereum**.

Enquanto o Bitcoin é um livro-razão (uma planilha de Excel compartilhada), o Ethereum é o **Computador Mundial**. É uma rede global de milhares de computadores que, juntos, formam um supercomputador virtual. Ninguém é dono dele, ninguém pode desligá-lo, e qualquer pessoa, em qualquer lugar do mundo, pode escrever um programa e enviá-lo para essa rede.

Uma vez que esse programa está na Blockchain do Ethereum, ele se torna incensurável e permanente.

Isso mudou tudo. De repente, a tecnologia Blockchain deixou de ser apenas sobre "dinheiro digital" para se tornar "dinheiro programável". Você não precisa mais apenas enviar valor de A para B; você pode programar *condições* para que esse valor se mova.

Pense no Ethereum como a fundação de um novo tipo de infraestrutura digital. Se o Bitcoin é a camada de liquidação financeira base (o cofre do banco), o Ethereum é o sistema operacional onde os negócios, os empréstimos e os acordos complexos acontecem. É a base para a Web3, a internet descentralizada onde você, finalmente, é dono dos seus dados e ativos.

3.2 O Que São Smart Contracts e Como Eles Mudam o Mundo

O coração do Ethereum e a sua maior inovação são os **Smart Contracts** (Contratos Inteligentes). Mas não se deixe enganar pelo nome. Eles não são "inteligentes" como uma inteligência artificial, nem são "contratos" no sentido jurídico tradicional (pelo menos, não ainda).

Um Smart Contract é simplesmente um código de computador que executa ações automaticamente quando certas condições são atendidas. A lógica é simples: **"Se isso acontecer, então faça aquilo"**.

Vamos usar a analogia clássica da **máquina de venda automática** (vending machine), popularizada pelo pioneiro da criptografia Nick Szabo.

Imagine uma máquina de refrigerantes. Ela é um mecanismo automatizado projetado para realizar uma troca sem a necessidade de um atendente humano.

1. **Condição:** Você insere o dinheiro e seleciona o produto (entrada).
2. **Execução:** A máquina verifica se o valor está correto e libera o refrigerante (saída).
3. **Segurança:** Se você não colocar o dinheiro, a máquina não libera o produto. Se a máquina não tiver o produto, ela devolve o dinheiro.

A máquina de venda é um ancestral físico de um contrato inteligente. Ela elimina o intermediário (o vendedor da loja) e garante a execução da troca baseada em regras rígidas.

Agora, aplique isso ao mundo digital e financeiro. Um Smart Contract no Ethereum pode substituir advogados, cartórios e bancos em diversas funções.

Exemplos Práticos:

- **Seguros:** Imagine um seguro agrícola contra secas. Em vez de enviar um perito à sua fazenda para verificar se choveu ou não (processo lento e burocrático), um Smart Contract poderia estar conectado a dados meteorológicos confiáveis. Se os dados mostrarem que não choveu por 30 dias na sua região, o contrato libera o pagamento da indenização para a sua carteira digital automaticamente. Sem papelada, sem espera, sem "letras miúdas" humanas para negar o pagamento.
- **Crowdfunding (Vaquinhas):** Você quer criar um produto e precisa de fundos. Você programa um contrato que diz: "Se arrecadarmos R$ 100.000 até o dia 30, o dinheiro vai para o desenvolvedor. Se não atingirmos a meta, o dinheiro é devolvido automaticamente para todos os doadores." Ninguém precisa confiar na honestidade do organizador da vaquinha; o código garante a devolução.
- **Herança:** Você pode programar um contrato que verifica a sua atividade na carteira. "Se eu não movimentar meus fundos por 12 meses consecutivos, transfira automaticamente todo o saldo para a carteira do meu filho."

A beleza dos Smart Contracts é que eles são **imutáveis**. Uma vez implantados na Blockchain, ninguém pode alterar as regras. Isso gera um ambiente de confiança absoluta, não nas pessoas, mas no código. Como dizemos no meio cripto: *Code is Law* (O Código é a Lei).

3.3 Ether (ETH) vs. Bitcoin (BTC): Reservas de Valor vs. Combustível

Uma das maiores confusões para quem está começando é achar que Bitcoin e Ethereum competem pelo mesmo espaço. Embora ambos sejam criptomoedas e possam ser usados como dinheiro, seus propósitos fundamentais são diferentes.

Para navegar na soberania digital, você precisa entender essa distinção:

- **Bitcoin (BTC) é Ouro Digital.** O seu valor vem da escassez absoluta (21 milhões de unidades), da segurança extrema e da imutabilidade. As pessoas compram Bitcoin principalmente para guardá-lo, para proteger seu patrimônio da inflação ao longo de décadas. É uma reserva de valor.
- **Ether (ETH) é Petróleo Digital.** O Ether é a moeda nativa da rede Ethereum. Para usar o "Computador Mundial" que descrevemos em 3.1, você precisa pagar pelo poder de processamento. Cada vez que você envia um Smart Contract, faz uma transação ou usa um aplicativo no Ethereum, você precisa pagar uma taxa.

Essa taxa é chamada de **Gas** (Gás). E o Gas é pago em **Ether (ETH)**.

Pense no Ethereum como uma imensa rodovia global ou uma rede elétrica. Se você quer usar essa infraestrutura para transportar seus negócios ou rodar seus aplicativos, você precisa pagar o pedágio ou a conta de luz. O Ether é o combustível que mantém a rede funcionando.

Por que o ETH tem valor?

Enquanto o valor do Bitcoin vem da sua função monetária pura, o valor do Ether vem da **utilidade** da rede Ethereum. Quanto mais pessoas usam aplicativos descentralizados, mais bancos testam a rede, mais jogos são criados e mais NFTs são negociados, maior é a demanda por ETH para pagar as taxas de Gas.

Se o Bitcoin é uma aposta de que o sistema fiduciário (Dólar, Real) vai falhar ou inflacionar, o Ethereum é uma aposta de que o futuro das finanças e da internet será descentralizado e construído em Blockchain.

É por isso que muitos investidores possuem ambos. Eles desempenham papéis complementares em um portfólio. O Bitcoin oferece a segurança da rocha sólida; o Ethereum oferece o potencial de crescimento dinâmico de todo um novo ecossistema tecnológico.

3.4 O Ecossistema de Tokens (ERC-20) e dApps

Aqui é onde a mágica da "programabilidade" se torna visível. Como o Ethereum é uma plataforma aberta, desenvolvedores não precisam criar suas próprias Blockchains do zero para lançar suas próprias moedas ou projetos. Eles podem simplesmente construir *em cima* do Ethereum.

Isso é feito através de um padrão técnico chamado **ERC-20.**

Pense no ERC-20 como um molde padrão. Antes dele, criar uma criptomoeda era como construir um computador do zero. Com o ERC-20, é como criar um site usando o WordPress. É rápido, fácil e compatível com tudo.

A maioria das criptomoedas famosas que você vê nas corretoras (fora o Bitcoin) começou ou ainda vive dentro da rede Ethereum como um token ERC-20. Exemplos incluem **Chainlink (LINK)**, **Uniswap (UNI)** e as famosas **Stablecoins** como o USDT e o USDC (dólares digitais).

Esses tokens alimentam os **dApps (Aplicativos Descentralizados)**.

Um dApp se parece muito com um aplicativo normal no seu celular ou um site no seu navegador. A diferença é o que acontece nos bastidores (o *backend*).

- Em um aplicativo normal (como o Twitter ou o seu App do Banco), seus dados e dinheiro estão nos servidores da empresa.
- Em um dApp, o aplicativo é apenas uma interface. Ele se conecta diretamente à sua carteira (como a MetaMask) e interage com a Blockchain.

A Analogia da App Store: Imagine que o Ethereum é a Apple (o sistema operacional iOS). Os tokens ERC-20 e os dApps são os aplicativos na App Store. A Apple fornece a base segura e as regras; os desenvolvedores criam utilidades infinitas em cima dessa base.

A diferença crucial? Ninguém é dono da "Apple" nesse cenário. E qualquer um pode publicar um aplicativo sem pedir permissão. Isso gerou uma explosão de inovação conhecida como **DeFi** (Finanças Descentralizadas) e NFTs, que exploraremos nos próximos capítulos. O Ethereum se tornou a base de Lego do mundo financeiro.

3.5 Proof of Stake (PoS): A Evolução Ecológica do Ethereum

Durante muitos anos, o Ethereum funcionou de forma idêntica ao Bitcoin, usando o sistema de Mineração (**Proof of Work**), que exige computadores potentes e muita energia elétrica para garantir a segurança da rede.

No entanto, a comunidade do Ethereum sempre teve um plano de evoluir. Em setembro de 2022, ocorreu um evento histórico conhecido como **"The Merge"** (A Fusão). Foi como trocar o motor de um avião a jato em pleno voo. O Ethereum mudou seu mecanismo de consenso para o **Proof of Stake (PoS)** ou "Prova de Participação".

Como funciona o Proof of Stake?

No lugar de mineiros gastando eletricidade para resolver problemas matemáticos, agora temos **Validadores**. Para se tornar um validador e ajudar a proteger a rede, você não precisa comprar placas de vídeo caras. Você precisa "travar" (fazer staking) uma quantidade de seus próprios Ethers (ETH) em um contrato inteligente.

É um sistema baseado em incentivos financeiros diretos, ou o que chamamos de *Skin in the Game* (Pele em Risco).

- Se o validador processar as transações corretamente e mantiver a rede segura, ele recebe recompensas em novos ETH (como juros).
- Se o validador tentar trapacear ou atacar a rede, o sistema confisca e destrói parte dos seus Ethers travados. Isso se chama **Slashing**.

Por que essa mudança é importante para você, investidor?

1. **Sustentabilidade ESG:** Com essa mudança, o consumo de energia do Ethereum caiu mais de **99,9%**. O Ethereum deixou de consumir a energia de um país pequeno para consumir a energia de uma pequena cidade. Isso removeu a principal crítica ambiental contra a rede e abriu portas para investidores institucionais preocupados com sustentabilidade.
2. **Deflação (Ultrasound Money):** O novo sistema mudou a economia do token. Em muitos momentos de alta atividade na rede, mais Ether é queimado (destruído) através das taxas de transação do que é criado para pagar os validadores. Isso torna o ETH um ativo potencialmente deflacionário, aumentando sua escassez ao longo do tempo.
3. **Renda Passiva:** O Proof of Stake permite que investidores comuns ganhem rendimentos sobre seus Ethers. Você pode colocar seus ativos para "trabalhar", recebendo recompensas apenas por ajudar a manter a rede segura.

O Ethereum, portanto, não é estático. É um organismo vivo, atualizado por milhares de desenvolvedores, buscando o equilíbrio entre segurança, descentralização e escalabilidade.

Resumo do Capítulo 3

Principais Ideias:

- **Ethereum é o Computador Mundial:** Enquanto o Bitcoin é uma calculadora (focado em pagamentos), o Ethereum é um smartphone (plataforma para aplicativos).
- **Smart Contracts:** São códigos que executam acordos automaticamente ("se isso, então aquilo"), eliminando intermediários e burocracia.
- **ETH é Combustível:** O Ether é usado para pagar o "Gas" (taxas) da rede. Seu valor deriva da utilidade e demanda pelo ecossistema.
- **Proof of Stake:** O Ethereum evoluiu para um modelo ecológico que elimina a mineração intensiva em energia e permite renda passiva (staking).

Passos de Ação:

1. **Entenda a diferença:** Ao olhar seu portfólio, separe mentalmente BTC (reserva de longo prazo) de ETH (aposta na tecnologia e infraestrutura web3).
2. **Investigação:** Entre em um site como o *CoinMarketCap* ou *Coingecko* e veja a lista de "Tokens". Note quantos deles são construídos na rede Ethereum (geralmente indicados como ERC-20). Isso lhe dará a dimensão do tamanho desse ecossistema.
3. **Preparação:** No próximo capítulo, vamos explorar as outras moedas (Altcoins). O conhecimento sobre Ethereum será a base para entender 90% delas.

Capítulo 4: Altcoins – Oportunidades e Perigos

Se o Bitcoin é o "ouro digital", sólido, imutável e focado na preservação de riqueza, o restante do mercado de criptomoedas é o "Velho Oeste" da inovação tecnológica e da especulação financeira. Bem-vindo ao mundo das **Altcoins** (moedas alternativas).

Aqui, fortunas são feitas da noite para o dia em projetos revolucionários, e perdidas em segundos em fraudes elaboradas. Diferente do Bitcoin, que busca ser dinheiro, a maioria das Altcoins busca ser outra coisa: um computador mundial, um sistema de votação, um banco descentralizado ou, às vezes, apenas uma piada interna da internet.

Neste capítulo, vamos tirar o seu foco apenas do preço e ensinar você a olhar para o fundamento. Você aprenderá a separar o sinal do ruído, evitando ser a pessoa que paga a conta da festa dos outros.

4.1 Categorizando o Mercado: Layer 1, Layer 2 e Tokens de Utilidade

Quando um iniciante abre um site de cotações como o CoinMarketCap ou CoinGecko, ele se depara com milhares de ativos. Sem um mapa mental para categorizá-los, tudo parece igual. Mas não é. Para navegar neste oceano, você precisa entender a infraestrutura das cidades digitais.

Imagine que o ecossistema cripto é uma grande metrópole em construção.

Layer 1 (Camada 1): O Terreno e a Fundação As moedas de Camada 1 (L1) são as redes principais. Elas são o terreno, as estradas e a infraestrutura básica onde tudo acontece. Elas têm sua própria Blockchain e suas próprias regras de segurança.

- **Exemplos:** Ethereum (ETH), Solana (SOL), Cardano (ADA), Avalanche (AVAX).
- **Função:** O token nativo dessas redes (como o ETH ou SOL) é usado para pagar as taxas de "combustível" (gas) para processar transações. Se você quer construir um aplicativo na rede Ethereum, você precisa pagar em

ETH. Por isso, investir em uma L1 é como apostar no crescimento de uma cidade inteira. Se mais pessoas construírem e viverem lá, o terreno (o token) valoriza.

Layer 2 (Camada 2): Os Arranha-Céus e Vias Expressas Com o tempo, as cidades principais (L1) ficam congestionadas. O trânsito para, e as taxas ficam caras. É aqui que entram as soluções de Camada 2. Elas são construídas *em cima* da Camada 1 para ajudar a escalar a rede, tornando-a mais rápida e barata, sem sacrificar a segurança da base.

- **Exemplos:** Arbitrum (ARB), Optimism (OP), Polygon (MATIC).
- **Função:** Elas processam centenas de transações fora da via principal e depois enviam apenas um resumo para a Layer 1. Investir aqui é apostar na eficiência e na usabilidade da rede principal.

Tokens de Utilidade e Governança (dApps) Se a L1 é a cidade e a L2 são as vias expressas, os Tokens de Utilidade são os negócios, lojas e serviços que operam dentro dessa cidade. Eles geralmente não têm uma Blockchain própria; eles "alugam" espaço em uma L1 (geralmente Ethereum).

- **Exemplos:** Uniswap (UNI), Aave (AAVE), Chainlink (LINK).
- **Função:** Esses tokens dão acesso a um serviço específico ou dão direito de voto nas decisões do projeto (Governança). Por exemplo, ter o token UNI permite que você vote em mudanças na corretora descentralizada Uniswap.

A Diferença Crucial Entender essa hierarquia é vital para sua estratégia.

1. **L1s** competem para ser a infraestrutura dominante (guerra de plataformas).
2. **L2s** competem para ser a solução de escala mais eficiente.
3. **Apps** competem pelos usuários finais.

Muitos investidores iniciantes cometem o erro de comprar um token de aplicativo achando que ele tem a mesma segurança e proposta de valor do Ethereum ou do Bitcoin. Não cometa esse erro. Ao analisar uma Altcoin, a primeira pergunta que você deve fazer é: "Onde isso se encaixa na arquitetura da cidade cripto?"

4.2 Stablecoins: O Dólar na Blockchain (USDT, USDC, DAI)

A volatilidade é o preço que pagamos pela performance das criptomoedas. Ver seu portfólio subir 20% num dia e cair 30% no outro é comum. Mas, e se você quiser "congelar" seus ganhos sem precisar sacar o dinheiro para o seu banco tradicional, pagando taxas e perdendo tempo?

É aqui que entram as **Stablecoins** (moedas estáveis).

Uma Stablecoin é um token digital desenhado para manter um valor fixo, geralmente pareado 1:1 com uma moeda fiduciária forte, como o Dólar Americano. Elas são a ponte entre o velho mundo financeiro e a nova economia digital. Elas permitem que você transite no mundo Blockchain com a estabilidade do dinheiro que você usa para comprar pão.

Existem, fundamentalmente, três tipos de Stablecoins que você encontrará:

1. Centralizadas e Lastreadas em Fiat (USDT, USDC) Estas são as mais populares e líquidas. Funcionam sob uma premissa de confiança simples: para cada 1 token digital emitido, existe 1 dólar real (ou equivalente em títulos do tesouro) guardado em uma conta bancária auditada pela empresa emissora.

- **USDT (Tether):** A maior e mais antiga, mas frequentemente questionada sobre a transparência de suas reservas. É a mais usada para trading.
- **USDC (USD Coin):** Focada em conformidade regulatória e auditorias transparentes, preferida por instituições e investidores mais conservadores nos EUA.
- **Risco:** O risco aqui é a centralização. Se a empresa emissora sofrer uma

intervenção governamental ou congelar os fundos, seus tokens podem valer zero ou ficarem inacessíveis.

2. Descentralizadas e Sobre-colateralizadas (DAI) Para os puristas da criptografia que não querem confiar em uma empresa, existe o DAI (do protocolo MakerDAO). O DAI mantém o valor de 1 dólar não por ter dólares no banco, mas por ter outras criptomoedas (como Ethereum) bloqueadas em contratos inteligentes como garantia.

- **Mecanismo:** Para criar DAI, você precisa depositar um valor *maior* em ETH como garantia. Se o ETH cair muito, o sistema vende automaticamente para pagar a dívida.
- **Vantagem:** Ninguém pode censurar ou congelar sua carteira de DAI arbitrariamente.

3. Algorítmicas (O Perigo) Estas tentam manter o valor de 1 dólar usando apenas matemática e incentivos de mercado, sem lastro real em dinheiro ou excesso de cripto.

- **Alerta de Segurança:** Historicamente, muitas falharam catastroficamente (o caso mais famoso foi a Terra/LUNA em 2022, que evaporou 40 bilhões de dólares em dias). Como iniciante, **evite stablecoins algorítmicas**.

Como Usar a Seu Favor As Stablecoins são sua ferramenta de proteção (hedge).

- O mercado está caindo? Você pode trocar seu Bitcoin por USDT ou USDC e esperar a tempestade passar, mantendo o valor em dólar.
- Quer enviar dinheiro para um parente no exterior em segundos, sem burocracia bancária? Envie USDC.
- Quer ganhar juros em dólar (muitas vezes superiores à poupança)? Protocolos DeFi pagam rendimentos para quem deposita Stablecoins

(veremos isso no Capítulo 8).

Elas não são investimento (não vão valorizar), mas são ferramentas indispensáveis de **liquidez** e **preservação**.

4.3 Memecoins e Especulação Pura: Como Não Ser a Liquidez de Saída

Chegamos à parte mais barulhenta, divertida e perigosa do mercado: as **Memecoins**.

Dogecoin (DOGE), Shiba Inu (SHIB), Pepe (PEPE). Você provavelmente já ouviu histórias de alguém que colocou 100 dólares em uma moeda de cachorro e virou milionário. Essas histórias são reais, mas elas escondem um cemitério silencioso de milhares de investidores que perderam tudo.

O Que São Memecoins? São criptomoedas baseadas em piadas da internet, cultura pop ou apenas hype comunitário. Diferente do Bitcoin (reserva de valor) ou Ethereum (plataforma tecnológica), a maioria das Memecoins não promete resolver nenhum problema real. O valor delas deriva 100% da **atenção** e da comunidade.

A Teoria do "Mais Tolo" (Greater Fool Theory) O investimento em Memecoins funciona, quase sempre, baseada na teoria do "Mais Tolo". Você compra um ativo sem valor intrínseco esperando que alguém (um "tolo maior") compre de você por um preço mais alto no futuro. O ciclo continua até que não haja mais compradores. Quando a música para, quem está segurando a moeda vê o preço despencar para zero.

O Conceito de "Liquidez de Saída" Este é o conceito mais importante para sua sobrevivência financeira. Quando você vê um influenciador no Instagram ou TikTok gritando para você comprar a "próxima gema de 1000x", entenda o que está acontecendo nos bastidores:

1. Os criadores e os influenciadores (insiders) compraram a moeda quando

ela valia frações de centavos.
2. Eles geram o hype para atrair a massa (você).
3. Quando você compra, o preço sobe.
4. Eles usam o dinheiro que *você* injetou para vender as moedas deles e realizar o lucro.
5. Você se torna a **Liquidez de Saída** deles. Você ficou com as moedas sem valor, e eles ficaram com o seu dinheiro.

História de Alerta: O Caso da "Squid Game Token" Em 2021, aproveitando o sucesso da série *Round 6* (Squid Game), criaram um token com o mesmo nome. O preço subiu de 1 centavo para quase 3.000 dólares em dias. A mídia tradicional noticiou, pessoas comuns colocaram as economias da vida. De repente, os desenvolvedores ativaram um mecanismo no código que impedia a venda, drenaram todo o dinheiro (um golpe chamado "Rug Pull" ou puxada de tapete) e desapareceram. O token foi a zero em segundos. Milhões foram perdidos por pura ganância e falta de pesquisa.

É Proibido Comprar Memecoins? Não. Mas não chame isso de investimento. Chame de aposta. Se você quiser entrar nesse cassino:

- Use dinheiro que você aceita perder (dinheiro de pinga, não de leite).
- Entenda que é um jogo de PvP (Player vs Player).
- Realize lucros rapidamente. Memecoins sobem de elevador e descem de janela.

Não tente achar lógica fundamentalista onde só existe psicologia de massa.

4.4 Analisando Projetos: Tokenomics, Equipe e Roteiro

Se você decidiu que quer investir em Altcoins sérias, precisa aprender a fazer a sua própria pesquisa (**DYOR** - *Do Your Own Research*). Não confie em YouTubers. Confie nos dados.

Para separar projetos legítimos de golpes ou projetos fantasmas, utilize o tripé da análise fundamentalista cripto: **Tokenomics, Equipe e Roteiro.**

1. Tokenomics (Economia do Token) Isso é mais importante que a tecnologia. Tokenomics define a oferta e a demanda do ativo.

- **Supply (Oferta):**
- *Circulating Supply:* Quantas moedas estão no mercado hoje?
- *Max Supply:* Qual o máximo que existirá? O Bitcoin tem 21 milhões. Algumas altcoins têm trilhões.
- *Inflação:* Novas moedas estão sendo criadas rapidamente? Se a inflação for alta, o preço tende a cair, a menos que a demanda seja monstruosa.
- **Alocação (Distribuição):** Olhe o gráfico de pizza da distribuição inicial.
- Se a equipe e os investidores iniciais (Venture Capital) detêm 40% ou 50% dos tokens, cuidado. Eles têm poder para despejar essas moedas na sua cabeça. Uma distribuição saudável favorece a comunidade e o tesouro do projeto, não apenas os fundadores.
- **Vesting (Bloqueio):** Os tokens da equipe estão bloqueados? Por quanto tempo? Projetos sérios bloqueiam os tokens dos fundadores por anos para alinhar incentivos a longo prazo.

2. Equipe e Comunidade Quem está construindo isso?

- **Anonimato vs. Público:** No Bitcoin, Satoshi é anônimo, e isso é bom. Mas para uma empresa que está captando dinheiro, anonimato é um grande alerta vermelho (Red Flag). Procure os perfis no LinkedIn. Eles têm experiência prévia? Já trabalharam em grandes empresas de tecnologia ou finanças?
- **Atividade de Desenvolvimento:** O código é aberto? Eles estão atualizando o software? Um site bonito com um GitHub (repositório de código) vazio é sinal de golpe.
- **Comunidade:** Entre no Discord ou Telegram do projeto. As pessoas estão discutindo tecnologia e melhorias, ou apenas perguntando "When Lambo?" (Quando vou ficar rico?). Uma comunidade focada apenas no

preço é frágil.

3. Roteiro (Roadmap) e Utilidade O que o projeto promete entregar e o que já entregou?

- O token serve para quê? Se a única utilidade do token é "governança" em um projeto que não precisa de votação, ele pode ser inútil. O token deve capturar valor do sucesso da rede.
- Compare a promessa com a realidade. Muitos projetos têm "Whitepapers" (documentos técnicos) incríveis que prometem revolucionar o mundo, mas depois de dois anos não entregaram nem um aplicativo funcional. Promessa não enche carteira.

Dica Pro: Use sites como *Token Unlocks* para ver quando grandes quantidades de tokens serão liberadas para investidores antigos. Esses eventos geralmente causam queda no preço. Nunca compre uma Altcoin na véspera de um grande desbloqueio.

Investigar dá trabalho, e é por isso que a maioria perde dinheiro. A maioria prefere a dica fácil. Você, buscando soberania, escolherá o caminho da análise.

4.5 O Dilema do Investidor: Bitcoin Maximalism vs. Diversificação Cripto

Agora que você conhece o cenário, surge a grande dúvida estratégica: devo comprar apenas Bitcoin ou devo diversificar em Altcoins?

Essa é uma guerra filosófica e financeira antiga no mercado.

O Argumento Maximalista (Bitcoin Only) Os "Bitcoin Maximalists" acreditam que o Bitcoin é a única inovação monetária real; todo o resto é ruído, centralizado ou fraude.

- **A tese:** Altcoins são empresas (startups) disfarçadas de dinheiro. Elas

têm CEOs, departamentos de marketing e pontos de falha. O Bitcoin é uma força da natureza, sem dono. A longo prazo, quase todas as Altcoins perdem valor quando comparadas ao Bitcoin (o par ALT/BTC cai).
- **Segurança:** Ficar 100% em Bitcoin elimina o risco de escolher o projeto errado, o risco de falha no contrato inteligente e a necessidade de acompanhar notícias diárias. É a estratégia de "dormir tranquilo".

O Argumento da Diversificação (Crypto Portfolio) Os investidores de cripto acreditam que o Bitcoin é a reserva de valor, mas a tecnologia Blockchain trará inovações em outras áreas (contratos, finanças, jogos, identidade) que o Bitcoin não cobre.

- **A tese:** O Bitcoin já é grande. É difícil ele fazer 50x ou 100x de valorização rapidamente. Altcoins menores, por terem menor valor de mercado, têm potencial de crescimento explosivo (assimetria), funcionando como "capital de risco" no seu portfólio.
- **Risco:** A volatilidade é extrema. Altcoins podem cair 90-95% num "Bear Market" (mercado de baixa) e nunca mais se recuperar.

A Estratégia Híbrida (Sugerida para Iniciantes) Não precisamos ser extremistas. Podemos usar a **Estratégia do Halteres (Barbell Strategy)**:

- **A Base Sólida:** Mantenha a maior parte do seu capital (ex: 70% a 80%) em Bitcoin (e talvez Ethereum). Isso protege seu patrimônio.
- **A Aposta Assimétrica:** Use uma parte pequena (ex: 10% a 20%) para projetos de Altcoins com bons fundamentos que você estudou. Se elas forem a zero, sua vida não muda. Se elas fizerem 20x, elas alavancam seu portfólio significativamente.

O Erro Fatal: O erro que destrói iniciantes é fazer o inverso: colocar 90% em Altcoins duvidosas esperando ficar rico rápido e ter 0% em Bitcoin porque "é muito caro". Isso geralmente termina em ruína financeira.

Use o Bitcoin para preservar a riqueza que você já tem. Use Altcoins selecionadas (com cautela extrema) para tentar multiplicar capital, ciente de que elas podem virar pó. A sua soberania depende da sua gestão de risco, não da sua capacidade de adivinhar o futuro.

📝 Resumo do Capítulo

Principais Ideias:

- **Hierarquia:** Entenda a diferença entre Layer 1 (infraestrutura), Layer 2 (escala) e dApps (serviços). Não compare laranjas com arranha-céus.
- **Stablecoins:** Use USDC ou USDT para proteção e liquidez, mas evite mantê-las por anos (risco de emissor). Evite stablecoins algorítmicas.
- **Memecoins:** São jogos de azar baseados na teoria do "Mais Tolo". Se entrar, saiba que você é a liquidez de saída de alguém se não for rápido.
- **Análise Fundamentalista:** Tokenomics (distribuição e inflação) é mais importante que o marketing. Verifique o desbloqueio de tokens (vesting).

Passos de Ação:

1. **Auditoria de Portfólio:** Se você já tem cripto, classifique suas moedas. Quantas são L1? Quantas são especulação pura?
2. **Verifique o CoinMarketCap:** Escolha uma moeda que você gosta e olhe a aba "Markets" e "Holders". A distribuição é justa?
3. **Defina sua Alocação:** Decida agora qual porcentagem do seu patrimônio cripto será a base segura (BTC) e qual será o capital de risco (Altcoins). Escreva isso para não se trair na emoção do momento.

Agora que sabemos *o que* comprar e *o que evitar*, precisamos aprender *como* fazer isso sem depender de terceiros. No próximo capítulo, vamos para a prática: como operar nas Corretoras.

Capítulo 5: Como Comprar e Vender na Prática

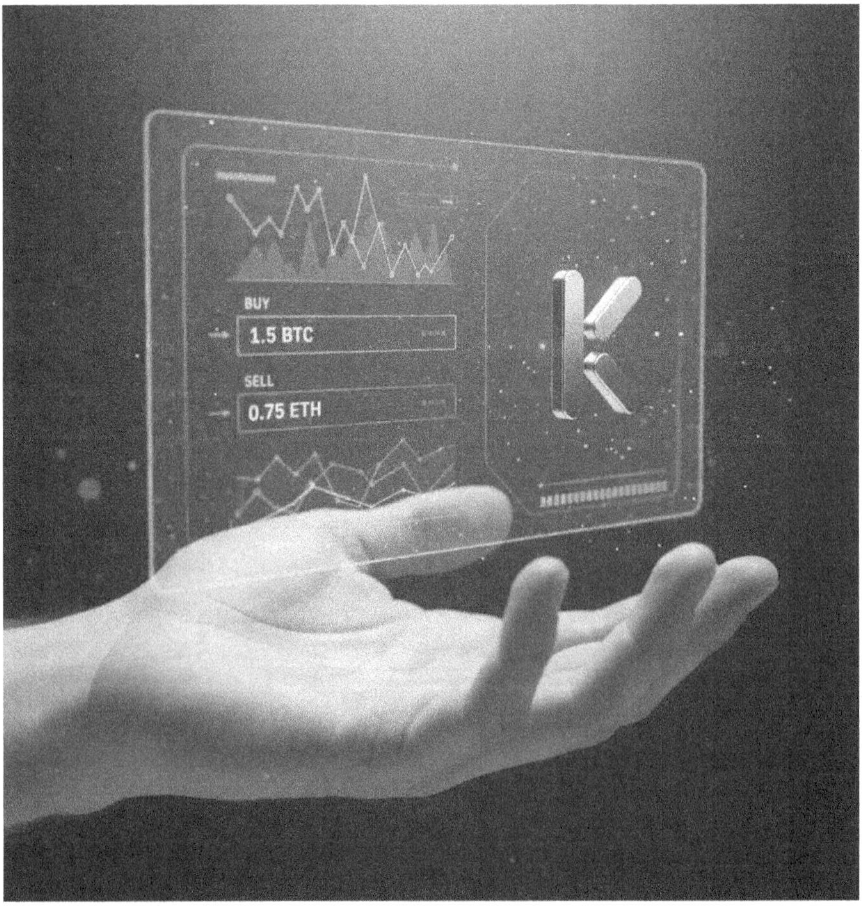

Você já entendeu os fundamentos, a história e a tecnologia. Agora, chegamos ao momento em que a teoria encontra a realidade: a hora de colocar "a pele em jogo". Para muitos, este é o passo mais intimidante. A interface de uma plataforma de negociação pode parecer o painel de controle de uma nave espacial, cheia de gráficos piscando, números mudando rapidamente e termos em inglês.

Respire fundo. Neste capítulo, vamos desmistificar cada botão, cada taxa e cada processo. O objetivo aqui é transformar a ansiedade técnica em competência operacional. Você aprenderá onde comprar, como se cadastrar sem dores de cabeça, quanto vai pagar por isso e, crucialmente, como executar suas ordens como um profissional, não como um amador movido pela emoção.

5.1 Corretoras (Exchanges): Centralizadas vs. Descentralizadas

A porta de entrada para o mundo das criptomoedas é, na grande maioria das vezes, uma *Exchange* (corretora). Pense nela como uma casa de câmbio digital ou uma bolsa de valores que funciona 24 horas por dia, 7 dias por semana. No entanto, diferentemente do mercado tradicional, aqui existe uma bifurcação fundamental que você precisa entender antes de depositar seu primeiro real: a diferença entre Exchanges Centralizadas (CEX) e Descentralizadas (DEX).

Exchanges Centralizadas (CEX): O Banco Amigável As CEXs (como Binance, Coinbase, Mercado Bitcoin ou Kraken) funcionam de maneira muito similar a um banco ou uma corretora de ações tradicional. Existe uma empresa por trás, um CEO, um endereço físico e uma equipe de suporte ao cliente.

Quando você cria uma conta em uma CEX, você está confiando a custódia dos seus ativos a essa empresa. É o modelo de "custódia de terceiros". Você deposita seu dinheiro fiduciário (Reais, Dólares, Euros) via transferência bancária ou PIX, e o saldo aparece na sua conta na plataforma. A partir daí, você pode trocar esse saldo por Bitcoin, Ethereum e outros ativos.

A grande vantagem das CEXs é a **usabilidade**. Elas são projetadas para serem intuitivas. Se você esquecer sua senha, pode clicar em "Esqueci minha senha" e recuperá-la via e-mail. Elas também oferecem a ponte mais fácil entre o dinheiro "velho" (fiduciário) e o dinheiro "novo" (cripto). Para 99% dos iniciantes, este é o lugar onde a jornada começa.

Exchanges Descentralizadas (DEX): O Código é a Lei No outro lado do espectro, temos as DEXs (como Uniswap, PancakeSwap ou Curve). Uma DEX não é uma empresa; é um software (um conjunto de Contratos Inteligentes) rodando diretamente na Blockchain. Não há CEO, não há suporte ao cliente e, o mais importante, não há custódia de terceiros.

Em uma DEX, as negociações ocorrem diretamente entre a sua carteira pessoal e o contrato inteligente, sem intermediários. Ninguém segura seu dinheiro. Você conecta sua carteira, troca um token por outro e desconecta.

A principal vantagem é a **privacidade e a soberania**. Ninguém pode congelar sua conta em uma DEX, porque não há "conta", apenas uma interação de carteira. No entanto, a barreira de entrada é mais alta: você não pode depositar Reais diretamente em uma DEX (geralmente). Você precisa já ter criptomoedas para usar uma DEX. Além disso, se você cometer um erro, não há para quem ligar.

A História de Ricardo: O Salto de Confiança Ricardo, um advogado de 42 anos, hesitou por meses antes de comprar seu primeiro Bitcoin. Ele ouvia histórias de hackers e tinha medo de perder suas economias. Sua estratégia inicial foi pragmática: ele abriu conta em uma grande corretora centralizada brasileira. O ambiente familiar, com CNPJ e atendimento em português, deu-lhe a segurança psicológica necessária.

Durante o primeiro ano, Ricardo operou apenas na CEX. Ele aprendeu a dinâmica do mercado em um ambiente controlado. Somente quando se sentiu confortável com o conceito de carteiras privadas (que veremos no próximo capítulo) e entendeu como as taxas de rede funcionam, ele se aventurou em uma DEX para comprar um token específico que não estava listado na sua corretora central.

A lição de Ricardo é valiosa: não tente ser um "expert" no primeiro dia. Começar por uma Exchange Centralizada (CEX) respeitável e auditada é a atitude mais segura e sensata para quem está dando os primeiros passos na soberania digital.

5.2 O Processo de KYC e Onboarding: O Que Esperar

Ao decidir abrir conta em uma Exchange Centralizada respeitável, você se deparará com um acrônimo onipresente: **KYC** (*Know Your Customer* ou "Conheça Seu Cliente"). Muitos libertários e puristas do Bitcoin torcem o nariz para esse processo, pois ele elimina o anonimato. No entanto, para operar dentro da legalidade e com conexões ao sistema bancário tradicional, o KYC é inevitável.

O KYC é uma exigência regulatória global imposta para prevenir lavagem de dinheiro, financiamento ao terrorismo e fraudes financeiras. Se uma corretora aceita depósitos bancários em moeda fiduciária e não pede sua identificação, desconfie: ela provavelmente está operando à margem da lei e pode desaparecer com seu dinheiro a qualquer momento.

O Passo a Passo do Onboarding:

1. **Dados Básicos:** Você começará fornecendo nome completo, e-mail, telefone e CPF. A verificação do e-mail e do telefone (via SMS) é imediata.
2. **Documentação:** A corretora solicitará uma foto de um documento oficial com foto (RG, CNH ou Passaporte). Dica prática: garanta que a foto esteja bem iluminada, sem reflexos (flash) e que todas as bordas do documento estejam visíveis. Sistemas automatizados rejeitam imagens cortadas ou borradas, o que pode atrasar sua aprovação em dias.
3. **A "Selfie" de Prova de Vida:** Você será solicitado a tirar uma selfie, muitas vezes segurando o documento ou movendo o rosto para provar que é uma pessoa viva e não uma foto estática sendo usada por um fraudador. Algumas plataformas pedem que você escreva a data atual

em um papel e segure junto ao rosto.

4. **Comprovante de Residência:** Para aumentar seus limites de depósito e saque, geralmente é necessário enviar uma conta de consumo (luz, água, internet) em seu nome, com data recente (menos de 3 meses).

O que fazer se for reprovado? Não entre em pânico. A maioria das reprovações ocorre por erros técnicos na captura das imagens. O sistema de inteligência artificial não conseguiu ler o número do seu RG ou a sua selfie estava muito escura. Tente novamente em um ambiente com luz natural. Se o problema persistir, entre em contato com o suporte.

Lembre-se: você está abrindo uma conta financeira. Trate esse processo com a mesma seriedade com que trataria a abertura de uma conta em um banco internacional. Uma vez aprovado o KYC, você terá acesso às pontes bancárias (PIX, TED) que permitem transformar seu trabalho em ativos digitais.

5.3 Taxas de Rede (Gas Fees) e Taxas de Corretagem

Um dos choques mais comuns para o investidor iniciante é ver seu dinheiro "diminuir" antes mesmo de o ativo desvalorizar. Isso acontece porque o ecossistema cripto possui dois tipos distintos de custos que frequentemente são confundidos: as taxas da corretora e as taxas da rede. Entender a diferença é crucial para não jogar dinheiro fora.

Taxas de Corretagem (Trading Fees): O Lucro da Plataforma Quando você compra ou vende criptomoedas dentro de uma CEX (como a Binance ou Coinbase), você paga uma taxa de serviço para a empresa. É assim que elas ganham dinheiro.

- **Maker Fee:** É a taxa cobrada quando você coloca uma ordem que não é executada imediatamente (você "faz" o mercado, adicionando liquidez). Geralmente é mais barata.
- **Taker Fee:** É a taxa cobrada quando você aceita uma oferta que já está

no livro de ordens (você "tira" liquidez). Geralmente é mais cara.

- **Taxa de Saque:** Muitas corretoras cobram uma taxa fixa ou percentual quando você decide retirar seu dinheiro (em Reais) de volta para o banco.

Dica de Ouro: Evite usar as funções de "Compra Rápida" ou "Conversão Simplificada" que muitas corretoras oferecem na tela inicial com botões grandes e coloridos. A conveniência tem um preço: o *spread* (diferença entre preço de compra e venda) nessas modalidades costuma ser muito maior do que se você usar o painel de "Trade Avançado" ou "Spot".

Taxas de Rede (Gas Fees): O Custo da Blockchain Aqui reside a maior confusão. As taxas de rede **não** vão para a corretora. Elas são pagas aos mineradores (no Bitcoin) ou validadores (no Ethereum) para processar sua transação e registrá-la na Blockchain.

Pense no Gas Fee como o pedágio ou o custo de frete. Se a estrada (a rede) está engarrafada, o pedágio sobe. Se você quer que sua encomenda chegue mais rápido, paga mais caro.

- Ao comprar e manter Bitcoin *dentro* da corretora, você geralmente não paga taxa de rede, apenas de corretagem, pois as moedas não estão se movendo na Blockchain, apenas trocando de mãos no banco de dados interno da empresa.
- O custo de rede aparece quando você decide **sacar** suas criptomoedas da corretora para sua carteira pessoal (o tema do próximo capítulo).

Em momentos de alta euforia do mercado, as taxas da rede Ethereum, por exemplo, podem custar de US$ 10 a US$ 100 por transação. Já redes de segunda camada (Layer 2) ou outras Blockchains podem custar centavos. Antes de transferir, verifique sempre o custo estimado da rede. Não faz sentido transferir R$ 100,00 em Bitcoin se a taxa de rede for R$ 50,00. Nesses casos, acumule um montante maior antes de mover para a custódia própria.

5.4 Ordens de Mercado, Limite e Stop-Loss: O Básico do Trade

Agora que você tem a conta e entende os custos, está diante do "Livro de Ofertas" (Order Book). Não se deixe intimidar pelas cores vermelha (venda) e verde (compra). Você precisa dominar apenas três comandos básicos para operar com segurança e estratégia.

1. Ordem a Mercado (Market Order): A Pressa

- **O que é:** Você diz à corretora: "Compre AGORA, pelo melhor preço disponível neste segundo".
- **Quando usar:** Quando você tem urgência absoluta ou quando a liquidez é tão alta que o preço não vai variar muito. É o botão do FOMO (*Fear Of Missing Out*).
- **O Perigo:** Em momentos de alta volatilidade, o preço que você vê na tela pode não ser o preço que você paga. Se o Bitcoin está subindo vertinosamente, entre o clique e a execução, o preço pode saltar, e você pagará mais caro. Isso se chama *Slippage* (escorregamento). Use com moderação.

2. Ordem Limitada (Limit Order): A Paciência

- **O que é:** Você diz: "Eu quero comprar Bitcoin, mas apenas se o preço for R$ 350.000,00 ou menos". Sua ordem fica no livro de ofertas esperando alguém aceitá-la.
- **Quando usar:** Esta deve ser sua ferramenta padrão. Ela garante que você nunca pague mais do que planejou.
- **A Vantagem:** Além de garantir o preço, as taxas para ordens limitadas (Maker Fees) costumam ser menores do que as taxas a mercado. Você está sendo recompensado por sua paciência e por fornecer liquidez ao livro.

3. Stop-Loss (Parar a Perda): O Seguro de Vida

- **O que é:** Uma ferramenta de gerenciamento de risco. Você configura uma ordem automática de venda caso o preço caia abaixo de um determinado nível. Exemplo: "Se o Bitcoin cair para R$ 300.000,00, venda tudo para proteger o que restou do meu capital".
- **A Psicologia:** O Stop-Loss protege você de você mesmo. Em uma queda brusca, a tendência humana é "esperar recuperar", o que pode levar a perdas catastróficas. O Stop-Loss executa a saída friamente, sem emoção.

Cenário da Vida Real: Imagine que você analisou o mercado e decidiu comprar Ethereum. O preço atual é US$ 3.000.

- Se você acha que vai subir agora: **Ordem a Mercado**.
- Se você acha que pode cair um pouco antes de subir: Coloque uma **Ordem Limitada** em US$ 2.950. Se o preço tocar lá, sua compra é feita.
- Depois de comprar, para proteger seu investimento, você configura um **Stop-Loss** em US$ 2.700. Se tudo der errado, você limita sua perda máxima a 10%, preservando capital para tentar novamente outro dia.

5.5 P2P (Peer-to-Peer): Comprando Sem Intermediários

Para aqueles que valorizam a privacidade acima da conveniência, ou que vivem em jurisdições onde o acesso bancário a corretoras é bloqueado, o P2P (Peer-to-Peer, ou "Pessoa para Pessoa") é a alternativa raiz. O P2P remonta à origem do Bitcoin: Satoshi Nakamoto criou o sistema para ser dinheiro eletrônico ponto a ponto, sem a necessidade de uma instituição financeira.

Como funciona o P2P? Imagine um classificados online, como o OLX ou Mercado Livre, mas para dinheiro.

1. Você entra em uma plataforma P2P (como a *Binance P2P*, *HodlHodl* ou *Bisq*).

2. Você vê anúncios de vendedores: "Vendo 0.01 BTC por X Reais via PIX".
3. Você inicia a negociação. A plataforma bloqueia as criptomoedas do vendedor em um contrato de garantia (*Escrow*).
4. Você transfere os Reais diretamente para a conta bancária do vendedor.
5. O vendedor confirma o recebimento e a plataforma libera as criptomoedas para você.

Vantagens do P2P:

- **Privacidade:** Em plataformas P2P puras (descentralizadas), muitas vezes não há exigência de KYC. Você negocia diretamente com outro ser humano.
- **Preços Negociáveis:** Diferente da corretora que tem um preço fixo de mercado, no P2P você pode encontrar vendedores dispostos a negociar taxas.
- **Acesso Global:** Permite comprar cripto usando métodos de pagamento locais exóticos que grandes corretoras internacionais não aceitam.

Os Riscos do P2P: O risco humano é o maior fator aqui. Golpes são mais comuns no ambiente P2P do que em corretoras automatizadas.

- *Golpe do Comprovante Falso:* O comprador envia um comprovante de PIX editado no Photoshop.
- *Golpe do Triângulo:* Um fraudador intermedeia uma negociação entre duas vítimas honestas, ficando com o ativo de uma e o dinheiro da outra.

Dica de Segurança Pro: Nunca, em hipótese alguma, libere as criptomoedas (se estiver vendendo) baseando-se apenas na foto do comprovante ou e-mail de confirmação. **Acesse sua conta bancária e verifique se o saldo realmente aumentou.** A regra no P2P é: só libere o ativo quando o dinheiro fiduciário estiver irreversivelmente na sua conta.

O P2P é uma ferramenta poderosa de soberania, mas exige um nível de atenção e "malícia de rua" superior ao das corretoras automatizadas. Para o investidor iniciante, recomenda-se começar pelas grandes Exchanges e migrar para o P2P apenas quando se sentir confortável com a mecânica das transações.

📝 Resumo do Capítulo 5

Principais Ideias:

- **CEX vs. DEX:** Exchanges Centralizadas (CEX) oferecem facilidade e suporte, ideais para iniciantes. Exchanges Descentralizadas (DEX) oferecem privacidade e controle total, mas exigem mais conhecimento técnico.
- **KYC é Normal:** Enviar documentos é um padrão regulatório para conectar o mundo bancário ao mundo cripto com segurança.
- **Entenda as Taxas:** Não confunda a taxa que a corretora cobra pelo serviço (Trading Fee) com a taxa que a rede cobra para mover as moedas (Gas Fee).
- **Use Ordens Limitadas:** Evite comprar a mercado sempre que possível para fugir de spreads altos e slippage. Tenha paciência.
- **P2P:** Uma rota alternativa focada em privacidade, mas que exige cuidado redobrado contra fraudes sociais.

Passos de Ação:

1. Escolha uma Exchange Centralizada (CEX) com boa reputação e liquidez no seu país.
2. Complete o processo de verificação (KYC) com documentos nítidos.
3. Faça um depósito pequeno de teste em moeda fiduciária.
4. Execute sua primeira compra usando uma "Ordem Limitada" (Limit Order) para se habituar com a interface, em vez de usar a "compra rápida".

5. Não saque suas moedas ainda. No próximo capítulo, aprenderemos a criar o cofre digital para onde você enviará esse tesouro.

Capítulo 6: Custódia e Segurança – "Not Your Keys, Not Your Coins"

Você chegou ao capítulo mais importante deste livro. Se você entender tudo sobre ciclos de mercado, economia monetária e contratos inteligentes, mas falhar aqui, todo o seu esforço pode desaparecer em segundos.

No mundo tradicional, se você perder a senha do banco, você liga para o gerente. Se alguém roubar seu cartão de crédito, você contesta a compra. No mundo das criptomoedas, não existe gerente. Não existe 0800. Não existe estorno.

A frase *"Not Your Keys, Not Your Coins"* (Se não são suas chaves, não são suas moedas) é o mantra máximo da soberania digital. Ela significa que, se você deixa seu dinheiro parado em uma corretora (exchange), você não é o dono dele; você tem apenas uma promessa de pagamento. Se a corretora falir, for hackeada ou bloqueada pelo governo, seu patrimônio evapora.

Vamos transformar você, agora, no seu próprio banco.

6.1 A Diferença Crítica Entre Chave Pública e Chave Privada

Para entender a autocustódia, precisamos desmistificar como a propriedade funciona na blockchain. Diferente de uma conta bancária vinculada ao seu CPF, a propriedade no mundo cripto é definida por criptografia assimétrica. Isso soa complexo, mas o conceito é surpreendentemente simples se usarmos a analogia correta.

Imagine que o seu endereço na blockchain é uma **caixa de correio de vidro inquebrável** instalada em uma praça pública.

1. **A Chave Pública (Seu Endereço):** É a fenda na caixa de correio por onde as pessoas podem colocar dinheiro. Qualquer pessoa no mundo pode ver onde está a caixa (o endereço público) e quanto dinheiro tem dentro dela (pois é de vidro/transparente, como a Blockchain). Você pode compartilhar esse endereço com qualquer pessoa para receber pagamentos. Não há risco de segurança em divulgar sua Chave Pública. É como o seu número de PIX ou agência e conta.

2. **A Chave Privada (Sua Assinatura Digital):** É a única chave física capaz de abrir essa caixa de correio para retirar o dinheiro. Quem tiver essa chave, tem o controle total dos fundos. Se você der uma cópia dessa chave para alguém, essa pessoa pode levar tudo. Se você perder essa chave, o dinheiro ficará preso na caixa de vidro para sempre, visível, mas intocável.

Onde está o dinheiro? Esta é a maior confusão dos iniciantes. O Bitcoin ou a criptomoeda *nunca* estão no seu computador, no seu celular ou no seu dispositivo USB. O dinheiro está, e sempre estará, na Blockchain (o livro-razão digital). O que você guarda na sua carteira (wallet) não são as moedas, mas sim a **Chave Privada** que lhe dá o direito de mover essas moedas no livro-razão.

Portanto, "carteira" é um nome ruim. O termo correto deveria ser "chaveiro".

Quando você cria uma carteira de criptomoedas, o software gera aleatoriamente um par de chaves (pública e privada). A matemática garante que é impossível alguém adivinhar sua chave privada, pois as combinações possíveis são maiores do que o número de átomos no universo observável.

A segurança desse sistema é absoluta, desde que você proteja a Chave Privada. É aqui que entra a responsabilidade da soberania digital. Quando você deixa suas moedas em uma corretora (como a Binance ou Coinbase), a corretora detém a Chave Privada da "caixa de correio" onde seus fundos estão misturados com os de outros clientes. Você tem apenas um login e senha para acessar o site deles. Se o site sai do ar, você perdeu o acesso à chave.

Assumir a custódia significa que você vai gerar suas próprias chaves e guardá-las onde ninguém na internet consiga acessar. É o ato final de liberdade financeira: possuir um ativo que não depende da permissão de terceiros para ser gasto ou transferido.

6.2 Hot Wallets (Carteiras Quentes): Praticidade vs. Risco

Agora que você entende o conceito de chaves, precisamos falar sobre onde armazená-las. A primeira categoria são as **Hot Wallets** (Carteiras Quentes).

Uma Hot Wallet é qualquer carteira de criptomoedas que está conectada à internet. Pode ser um aplicativo no seu celular (como Trust Wallet ou Exodus), uma extensão no seu navegador (como MetaMask ou Phantom) ou um software no seu desktop.

A Vantagem: Conveniência e Velocidade Hot Wallets são incríveis para o dia a dia. Elas são gratuitas, fáceis de configurar e permitem interagir rapidamente com a Web3. Se você quer comprar um NFT, fazer um swap (troca) rápido em uma corretora descentralizada ou pagar por um café com Bitcoin, a Hot Wallet é a ferramenta ideal. É o equivalente à sua carteira de bolso física: você anda com algum dinheiro nela para gastos correntes, mas não anda com todas as suas economias da vida.

O Risco: A Superfície de Ataque O problema fundamental das Hot Wallets é que as suas chaves privadas são geradas e armazenadas em um dispositivo que está online. Se o seu computador estiver infectado com um malware, um keylogger (programa que grava o que você digita) ou se você clicar em um link malicioso, um hacker pode extrair suas chaves privadas remotamente.

História de Alerta: O Caso de Marcos Marcos, um designer gráfico de 32 anos, começou a investir em cripto e acumulou uma quantia considerável em Ethereum. Por conveniência, ele mantinha tudo na MetaMask, uma extensão do navegador Chrome que ele usava para trabalhar. Um dia, ele recebeu um e-mail parecendo ser de um suporte técnico de software, pedindo para atualizar um driver. Ele baixou o arquivo. Em segundo plano, um malware escaneou seu navegador, encontrou os arquivos da carteira e enviou as chaves para um servidor remoto. Em minutos, anos de economia de Marcos foram drenados. Ele viu as transações acontecendo na blockchain em tempo real, impotente para pará-las.

Regras de Ouro para Hot Wallets:

1. **Quantias Pequenas:** Mantenha nelas apenas o que você estaria disposto a perder (o dinheiro do "café" ou do trade rápido).
2. **Segregação:** Use um navegador exclusivo para cripto (como o Brave) sem outras extensões instaladas.
3. **Cuidado com Links:** A maioria dos hacks em Hot Wallets ocorre via *Phishing* (sites falsos que pedem para você conectar sua carteira).
4. **Autenticação:** Mesmo em Hot Wallets, use todas as camadas de segurança disponíveis, como biometria ou senha forte para abrir o aplicativo.

Entenda: Hot Wallets são ferramentas de *fluxo*, não de *estoque*. Para guardar sua riqueza geracional, precisamos desconectar da internet. Precisamos esfriar as coisas.

6.3 Cold Wallets (Carteiras Frias): O Padrão Ouro de Segurança

Se a Hot Wallet é a sua carteira de bolso, a **Cold Wallet** (Carteira Fria) é o seu cofre de aço enterrado em uma montanha, protegido por guardas armados, mas que cabe na palma da sua mão.

Uma Cold Wallet, especificamente as **Hardware Wallets** (carteiras de hardware), é um dispositivo físico dedicado exclusivamente a gerar e armazenar suas chaves privadas **offline**. As marcas mais conhecidas incluem Ledger, Trezor, Coldcard e BitBox. Elas se parecem com um pen drive ou um pequeno controle remoto.

Como Funciona a Mágica (O "Air Gap") Você pode se perguntar: "Se eu conecto o dispositivo no computador para fazer uma transação, ele não fica online?" A resposta é não. E é aqui que reside a genialidade da engenharia dessas carteiras.

Quando você quer enviar Bitcoin usando uma Hardware Wallet, o processo é o seguinte:

1. Você cria a transação no software do computador (ex: "Enviar 1 BTC

para João").

2. O computador envia os dados da transação *sem assinatura* para o dispositivo físico via cabo USB ou QR Code.
3. O dispositivo físico (que contém a chave privada em um chip seguro isolado) mostra os detalhes na sua pequena tela para você conferir.
4. Você aperta o botão físico no dispositivo para confirmar.
5. O dispositivo usa a chave privada para assinar a transação digitalmente **dentro do próprio dispositivo**. A chave privada *nunca* sai do chip.
6. O dispositivo devolve para o computador apenas a **transação assinada**.
7. O computador transmite a transação assinada para a Blockchain.

Mesmo que o seu computador esteja infestado com os piores vírus do mundo, os hackers não conseguem roubar seus fundos, porque a chave privada nunca tocou a memória do computador ou a internet. O vírus não consegue apertar o botão físico do dispositivo.

Por que investir em uma? Muitos iniciantes hesitam em gastar US$ 60 ou US$ 150 em uma Hardware Wallet quando estão começando com pouco dinheiro. "Por que gastar 500 reais num dispositivo se eu só tenho 2.000 reais em cripto?"

A resposta é a mentalidade de longo prazo. Se você acredita que o Bitcoin vai se valorizar, seus 2.000 reais podem virar 20.000 ou 200.000 no futuro. Você deve proteger seu investimento com a segurança proporcional ao valor que ele *terá*, não apenas ao que ele tem hoje. Além disso, a tranquilidade de dormir sabendo que é matematicamente impossível ser hackeado remotamente não tem preço.

Modelos de Segurança:

- **Ledger e Trezor:** São as mais populares e fáceis de usar (UX amigável). Ótimas para iniciantes.
- **Coldcard:** Focada exclusivamente em Bitcoin, com recursos avançados de segurança (como air-gap total via cartão MicroSD), ideal para usuários avançados e maximalistas.

Ao comprar uma Cold Wallet, **jamais** compre de revendedores não autorizados ou sites como Mercado Livre/eBay. O dispositivo pode vir adulterado. Compre sempre direto do fabricante ou de revendedores oficiais listados no site da marca.

A Hardware Wallet é o seu passaporte para a verdadeira soberania. Com ela, você pode atravessar qualquer fronteira do mundo carregando bilhões de dólares na cabeça (se memorizar a senha) ou no bolso, sem que nenhum banco ou governo possa confiscar.

6.4 Seed Phrase: Como Armazenar Suas 12 ou 24 Palavras Corretamente

Você comprou sua Hardware Wallet. Ao ligá-la pela primeira vez, ela vai pedir para você configurar um PIN e, em seguida, vai mostrar uma sequência de 12 ou 24 palavras em inglês.

Esta é a sua **Seed Phrase** (Frase Semente), também conhecida como Mnemonic Phrase ou Backup. Preste muita atenção: **Essas palavras SÃO o seu dinheiro.**

A Hardware Wallet é apenas um pedaço de plástico e silício. Se ela quebrar, for roubada, cair na piscina ou pegar fogo, você não perdeu suas moedas. Você pode comprar outra Hardware Wallet (de qualquer marca), inserir essas 12 ou 24 palavras, e *voilà*: todo o seu saldo reaparece magicamente. As palavras são a representação legível da sua chave mestra privada.

Isso cria um paradoxo de segurança: você está protegido contra hackers digitais, mas agora precisa se proteger contra o mundo físico.

O Mandamento Supremo: NUNCA, em hipótese alguma, digite sua Seed Phrase em um computador, tire uma foto com o celular, salve na nuvem (Google Drive, iCloud), envie por e-mail ou imprima em uma impressora Wi-Fi. Se essas palavras tocarem o mundo digital, sua Cold Wallet perde o propósito e vira uma Hot Wallet.

Como Armazenar Corretamente:

1. **Papel e Caneta (O Básico):** O dispositivo virá com cartões de papel. Escreva as palavras na ordem exata. Verifique duas ou três vezes. Guarde em um local onde ninguém vai encontrar (um cofre, fundo falso de gaveta, dentro de um livro chato na estante).
2. **O Problema do Papel:** O papel amarela, a tinta apaga, a água destrói e o fogo consome. Se sua casa pegar fogo, sua fortuna vira cinzas.
3. **Metal (O Nível Pro):** Para quantias significativas, você deve gravar sua Seed Phrase em aço. Existem produtos como *Cryptosteel* ou placas de titânio onde você marca as palavras. O metal resiste a incêndios domésticos, enchentes e corrosão. É um backup indestrutível.

Redundância e Dispersão: Não tenha apenas uma cópia. Tenha pelo menos duas. Mas cuidado onde as guarda.

- *Cenário Ruim:* As duas cópias na mesma gaveta. (Um ladrão leva as duas).
- *Cenário Bom:* Uma cópia no seu cofre em casa, outra cópia na casa de um parente de confiança (lacrada em um envelope de segurança, sem que ele saiba o que é) ou em um cofre bancário.

Cuidado com a "Passphrase" (O 25ª Palavra): A maioria das carteiras permite adicionar uma "Passphrase" opcional. É como uma senha extra que você inventa.

- 12/24 Palavras = Abrem a Carteira A (Padrão).
- 12/24 Palavras + Passphrase = Abrem a Carteira B (Oculta). Isso é útil para "negação plausível". Se alguém colocar uma arma na sua cabeça (o famoso "ataque da chave de 5 dólares") e exigir suas criptos, você entrega o PIN da Carteira A, que tem pouco dinheiro. A fortuna real está na Carteira B, protegida pela Passphrase que só existe na sua mente. Mas cuidado: se esquecer a Passphrase, o dinheiro da Carteira B está perdido para sempre. As 24 palavras não serão suficientes para recuperá-lo.

6.5 Herança Cripto: O Que Acontece com Seus Ativos Se Você Morrer?

Este é o tópico mais negligenciado e sombrio, mas essencial para um investidor responsável. Criptomoedas são ativos ao portador. Se você morrer amanhã e ninguém souber onde está sua Seed Phrase (ou como usá-la), suas moedas ficarão paradas na blockchain para a eternidade. Elas se tornam, efetivamente, uma doação para todos os outros detentores de cripto (pela redução da oferta circulante), mas sua família ficará sem nada.

Diferente de uma conta bancária, onde seus herdeiros podem apresentar uma certidão de óbito e o juiz ordena a liberação dos fundos, o Bitcoin não se importa com ordens judiciais. O Bitcoin só obedece às chaves.

O Dilema da Herança: Você precisa criar um sistema onde sua família *consiga* acessar os fundos após sua morte, mas que *não consiga* (ou não corra o risco de expor) os fundos enquanto você estiver vivo.

Estratégias de Sucessão:

1. **O Método "Low Tech" de Confiança:** Escreva uma carta de instruções detalhada. Explique o que é a Hardware Wallet, onde encontrar a placa de metal com as palavras e, passo a passo, como recuperar os fundos ou quem contatar para ajudar (um amigo de confiança). Coloque essa carta e a localização das chaves em um envelope lacrado. Entregue a alguém de confiança ou guarde onde seus herdeiros encontrarão ao mexer nas suas coisas. *Risco:* Alguém encontrar antes da hora.
2. **O Método da Fragmentação (Shamir Backup ou Multisig):** Você pode dividir sua chave em partes. Por exemplo, dividir a Seed em 3 partes, onde são necessárias 2 quaisquer para reconstruir a carteira.

- Parte A: Com seu cônjuge.
- Parte B: Com seu advogado/pais.
- Parte C: Em um cofre bancário. Nenhuma pessoa sozinha consegue roubar os fundos, mas se você morrer, eles podem se juntar e recuperar

o dinheiro.

3. Dead Man's Switch (Dispositivo do Homem Morto): Existem serviços de software (embora introduzam risco de terceiros) que enviam e-mails automáticos se você não fizer login por X meses. Esse e-mail pode conter instruções ou partes de chaves criptografadas para seus herdeiros.

Um Passo Simples para Começar Hoje: Não complique demais no início, ou você corre o risco de se trancar para fora do seu próprio dinheiro (o que é muito mais comum do que morrer). Comece simplesmente educando seu parceiro(a) ou herdeiro principal. Mostre a eles como o dispositivo funciona. Diga: "Se algo acontecer comigo, pegue esta placa de metal neste local e leve para [Pessoa de Confiança X] que saberá o que fazer". Certifique-se de que a "Pessoa de Confiança X" não tenha acesso à placa de metal hoje.

A soberania digital traz o poder, mas exige a responsabilidade de planejar além da sua própria vida.

📝 Resumo do Capítulo

Principais Ideias:

- **Chaves são tudo:** Na Blockchain, posse é conhecimento. Se você sabe a Chave Privada, você é o dono. Corretoras são donas do seu dinheiro, você é apenas um usuário.
- **Offline é Segurança:** Hot Wallets (conectadas) são para o dinheiro do lanche. Cold Wallets (desconectadas) são para a aposentadoria.
- **Hardware Wallets protegem você:** Elas permitem assinar transações sem que suas chaves jamais toquem a internet ou o computador infectado.
- **O Backup é Sagrado:** Sua Seed Phrase (12/24 palavras) é mais valiosa que o dispositivo físico. Grave em metal e esconda bem.
- **Planeje o Fim:** Sem um plano de herança, suas criptomoedas morrem com você.

Passos de Ação:

1. Compre uma Hardware Wallet (Ledger, Trezor ou similar) diretamente do fabricante.
2. Configure-a e anote a Seed Phrase no papel fornecido.
3. **Teste de Fogo:** Transfira uma pequena quantia ($10) para a carteira. Resete o dispositivo propositalmente. Use as palavras anotadas para restaurar a carteira. Se o dinheiro aparecer, seu backup funciona. Só então transfira o restante.
4. Encomende uma placa de backup em metal para substituir o papel a longo prazo.
5. Escreva uma carta de "Instruções de Emergência" para sua família (sem colocar as palavras chaves na carta, apenas a localização delas).

NOT YOUR KEYS,
NOT YOUR COINS

Capítulo 7: Psicologia de Mercado e Ciclos

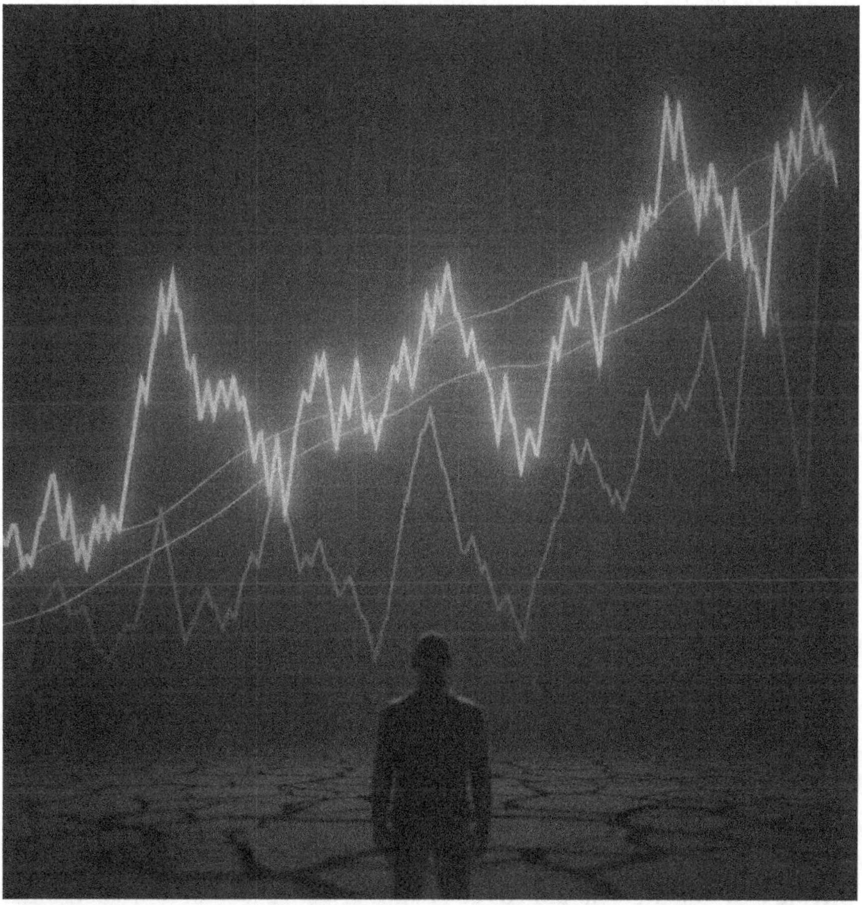

Investir em criptoativos é 20% sobre entender a tecnologia e 80% sobre gerenciar o seu próprio temperamento. Você pode dominar o funcionamento da Blockchain, saber o que é o SHA-256 e ter a carteira mais segura do mundo, mas se você não dominar suas emoções, o mercado irá mastigá-lo e cuspi-lo.

A volatilidade é o preço que pagamos pela performance superior do Bitcoin. No entanto, para o iniciante, ver o saldo da conta oscilar 30% em uma semana pode ser aterrorizante. A boa notícia é que esse caos aparente tem uma ordem. O mercado não se move em linhas retas, mas respira em ciclos definidos pela natureza humana e pela matemática do protocolo.

Neste capítulo, vamos dissecar a mente do investidor e o ritmo do mercado, para que você deixe de ser uma vítima da volatilidade e passe a utilizá-la a seu favor.

7.1 O Ciclo de 4 Anos: Entendendo Bull Market e Bear Market

Se você observar o gráfico de preço do Bitcoin desde sua criação, à primeira vista pode parecer um eletrocardiograma caótico. Mas, se você der um passo para trás e observar o macro, verá um padrão rítmico, quase musical, que se repete com uma precisão impressionante. Esse padrão é ditado principalmente pelo **Halving**.

O mercado de criptomoedas opera classicamente em ciclos de quatro anos. Isso não é uma regra escrita em pedra, mas tem sido uma constante histórica devido à programação monetária do Bitcoin. A cada 210.000 blocos minerados (aproximadamente quatro anos), a emissão de novos Bitcoins é cortada pela metade. Esse choque de oferta, quando encontra uma demanda constante ou crescente, historicamente impulsiona o preço para cima, iniciando o que chamamos de **Bull Market** (Mercado de Touro).

O **Bull Market** é a fase de expansão e euforia. É o "verão" do ciclo. Durante esse período, os preços sobem consistentemente, a mídia começa a falar sobre Bitcoin diariamente, seus amigos que nunca investiram começam a perguntar como comprar, e a sensação geral é de otimismo desenfreado. Parece que o preço nunca vai parar de subir. É nessa fase que fortunas são feitas no papel, mas é também onde o risco é maior, pois a ganância cega a prudência.

Inevitavelmente, a gravidade financeira entra em ação. O mercado superaquece, o preço estica muito além do valor justo, e os grandes investidores (as "baleias") começam a realizar lucros. Isso desencadeia o **Bear Market** (Mercado de Urso). É o "inverno" cripto. Os preços caem drasticamente — muitas vezes o Bitcoin recua 70% a 80% do seu topo histórico, e as Altcoins podem cair até 99%.

Durante o Bear Market, o sentimento é de medo, dúvida e desespero. A mídia decreta a "morte do Bitcoin" (já aconteceu centenas de vezes), projetos sem fundamentos desaparecem e os turistas do mercado vendem tudo com prejuízo e vão embora.

Mas aqui está o segredo que separa os ricos dos amadores: o inverno é onde a riqueza é realmente construída. Enquanto a multidão foge, o investidor soberano acumula.

Entender esse ciclo muda sua perspectiva. Quando você sabe que depois do verão vem o inverno, você não se desespera com a queda; você se prepara para ela. E quando você sabe que depois do inverno vem a primavera, você aproveita os preços baixos para plantar as sementes da sua futura liberdade financeira.

Dica Pro: Nunca assuma que "desta vez será diferente". A história não se repete exatamente da mesma forma, mas ela rima. O ciclo de 4 anos é a sua bússola para saber se estamos em época de plantio (acumulação na baixa) ou colheita (realização na alta).

7.2 Medo e Ganância: Controlando Suas Emoções na Volatilidade

O mercado financeiro é, em essência, um mecanismo de transferência de riqueza dos impacientes para os pacientes. No mundo das criptomoedas, onde as transações ocorrem 24 horas por dia, 7 dias por semana, sem feriados, essa transferência é acelerada por dois sentimentos primordiais: Medo e Ganância.

Vamos conhecer a história de Lucas. Em 2021, Lucas ouviu falar do Bitcoin quando este atingiu US$ 60.000. Todos no trabalho falavam sobre isso. O jornal dizia que o Bitcoin poderia chegar a US$ 100.000 em breve. Sentindo que estava "ficando para trás", Lucas foi tomado pelo **FOMO** (Fear of Missing Out, ou Medo de Ficar de Fora).

Movido pela ganância e pela ansiedade social, ele pegou suas economias e comprou no topo. Durante algumas semanas, ele se sentiu um gênio. Mas então, o ciclo virou. O preço começou a cair para US$ 50.000, depois US$ 40.000. O medo começou a se instalar. Quando o Bitcoin tocou US$ 30.000, as notícias eram terríveis. Pânico. Lucas, aterrorizado com a ideia de perder tudo, vendeu suas moedas com um prejuízo de 50%, jurando que "cripto é golpe".

Seis meses depois, o mercado se recuperou. Lucas comprou na alta (ganância) e vendeu na baixa (medo). Ele agiu exatamente como a liquidez de saída para investidores experientes.

Para não ser o Lucas, você precisa entender que seu cérebro biológico não foi feito para o mercado financeiro. Seu cérebro busca segurança e validação social. Quando todos estão comprando, você se sente seguro para comprar (justamente quando é mais arriscado). Quando todos estão vendendo e o mercado está sangrando, seu instinto de sobrevivência grita para você fugir (justamente quando é a melhor oportunidade de compra).

O **FUD** (Fear, Uncertainty, and Doubt - Medo, Incerteza e Dúvida) é a contraparte do FOMO. É a disseminação de notícias negativas, muitas vezes exageradas ou falsas, que induzem ao pânico. "A China vai banir o Bitcoin", "O governo vai confiscar tudo", "A tecnologia falhou". O investidor soberano aprende a filtrar o ruído.

Como controlar isso? A resposta está na estratégia pré-definida. Se você tem um plano claro de quanto comprar e quando comprar, você remove a decisão emocional do momento de calor.

Alerta de Segurança: O maior inimigo do seu portfólio é o seu próprio dedo clicando em "Comprar" depois de ver um influenciador prometendo lucros rápidos, ou "Vender" depois de ler uma manchete assustadora. Respire. Dê um passo atrás. O Bitcoin sobreviveu a guerras, pandemias e proibições estatais. Ele sobreviverá à sua ansiedade.

A estabilidade emocional vem da convicção. E a convicção vem do estudo. Se você entende os fundamentos que discutimos nos capítulos 1 e 2 — a escassez matemática, a descentralização, a segurança da rede — uma queda de 30% no preço não é um motivo de pânico, é uma liquidação de Black Friday.

7.3 A Falácia do "Preço Barato": Capitalização de Mercado vs. Preço Unitário

Um dos erros mais comuns e devastadores que iniciantes cometem é a confusão entre preço unitário e valor real. É o que chamamos de "viés unitário".

Imagine que você entra em um supermercado. Você vê uma fatia de pizza sendo vendida por R$ 10,00 e uma pizza inteira gigante sendo vendida por R$ 50,00. O iniciante olha e diz: "A fatia é mais barata, custa só 10 reais!". O investidor experiente olha e diz: "A pizza inteira tem 8 fatias. Se eu comprar a inteira, cada fatia sai por R$ 6,25. A pizza inteira tem mais valor, embora o preço total seja maior."

No mundo cripto, isso se manifesta quando alguém diz: "O Bitcoin está muito caro, custa dezenas de milhares de dólares. Vou comprar essa moeda chamada *BabyDogeMoon* porque ela custa apenas US$ 0,00001. Se ela chegar a US$ 1,00, ficarei milionário!"

Isso é uma armadilha matemática. Para entender por que, você precisa dominar o conceito de **Capitalização de Mercado (Market Cap)**.

A fórmula é simples: **Market Cap = Preço Atual da Moeda × Quantidade de Moedas em Circulação (Supply).**

O Bitcoin tem um preço alto porque sua oferta é extremamente escassa (máximo de 21 milhões). Muitas "memecoins" ou projetos duvidosos têm preços unitários de frações de centavos porque sua oferta é absurdamente alta — na casa dos trilhões ou quatrilhões de unidades.

Vamos a um exemplo prático para ilustrar a impossibilidade: Se uma moeda custa US$ 0,00001 e tem 1 quatrilhão de moedas em circulação, seu valor de mercado já é de US$ 10 bilhões. Para essa moeda chegar a US$ 1,00, seu valor de mercado teria que ser de US$ 1 quatrilhão. Isso seria mais dinheiro do que toda a riqueza existente no planeta Terra, somando todo o mercado imobiliário, ouro, ações e dinheiro físico global.

É matematicamente impossível.

Portanto, "barato" não significa "preço unitário baixo". Barato significa um projeto com fundamentos sólidos (boa equipe, tecnologia útil, adoção crescente) que está sendo negociado a um Valor de Mercado (Market Cap) inferior ao seu potencial.

Muitas vezes, o Bitcoin a US$ 30.000 é "mais barato" e tem maior potencial de valorização segura do que uma moeda desconhecida a US$ 0,05 que já inflou artificialmente.

Não caia na ilusão dos zeros. O mercado está cheio de projetos desenhados especificamente para explorar esse viés cognitivo de quem não sabe fazer a conta básica de *Preço × Oferta*. Ao analisar um ativo, olhe sempre para o Market Cap primeiro. Ele lhe dirá o tamanho real do "bolo", independentemente de em quantas fatias minúsculas ele foi cortado.

7.4 DCA (Dollar Cost Averaging): A Melhor Estratégia para Iniciantes

Se tentar acertar o momento exato de comprar na baixa (o fundo) e vender na alta (o topo) é quase impossível até para profissionais, como você deve investir? A resposta é a estratégia mais entediante e, paradoxalmente, a mais lucrativa para a maioria das pessoas: o **DCA (Dollar Cost Averaging)**, ou Preço Médio em Dólar.

O DCA consiste em investir uma quantia fixa de dinheiro em intervalos regulares, independentemente do preço do ativo.

Por exemplo: Você decide comprar R$ 500,00 de Bitcoin todo dia 05 do mês.

- **Mês 1:** O Bitcoin está caro (R$ 300 mil). Você compra uma fração pequena.
- **Mês 2:** O mercado cai pela metade (R$ 150 mil). Você compra o dobro da fração com os mesmos R$ 500,00.
- **Mês 3:** O mercado anda de lado (R$ 200 mil). Você compra uma quantidade média.

O resultado? Você comprou mais moedas quando estava barato e menos moedas quando estava caro. Seu preço médio de aquisição acaba sendo muito competitivo ao longo do tempo, suavizando a volatilidade brutal do mercado.

A beleza do DCA não é apenas matemática, é psicológica.

1. **Elimina o FOMO:** Você não precisa correr para comprar porque o preço subiu. Você tem uma data marcada.
2. **Elimina a Paralisia de Análise:** Você não precisa ficar olhando gráficos o dia todo tentando adivinhar o fundo.
3. **Transforma Quedas em Oportunidades:** Quando o preço cai 50%, em vez de entrar em pânico, o investidor de DCA pensa: "Ótimo, dia 05 está chegando e meus R$ 500,00 vão comprar muito mais Satoshis este mês."

Essa estratégia muda sua relação com o mercado. Você deixa de ser um apostador tentando ganhar na loteria do curto prazo e passa a ser um acumulador de patrimônio de longo prazo.

Histórias de sucesso de DCA são abundantes. Pessoas que compraram Bitcoin no topo de 2017 (cerca de US$ 20.000 na época) e seguraram até o fundo de US$ 3.000 sentiram dor. Mas aqueles que continuaram comprando um pouco todo mês durante a queda de 2018 e 2019 reduziram seu preço médio drasticamente. Quando o Bitcoin voltou a subir em 2021, essas pessoas tiveram lucros exponenciais, muito maiores do que quem tentou acertar o "momento perfeito" e ficou de fora esperando um fundo que nunca veio.

Dica Pro: A automação é sua melhor amiga. A maioria das grandes corretoras hoje permite configurar "Compras Recorrentes". Configure para debitar da sua conta automaticamente logo após você receber seu salário. Pague-se primeiro, em Bitcoin, e esqueça.

7.5 Sinais de Topo e Fundo: Indicadores Básicos On-Chain

Diferente do mercado de ações tradicional, onde os balanços das empresas são divulgados trimestralmente e podem ser maquiados por contadores criativos, o mercado cripto é transparente. A Blockchain é um livro aberto. Cada transação, cada movimentação de carteira, cada moeda minerada é pública e auditável em tempo real. Isso deu origem à **Análise On-Chain**.

Embora você não precise ser um analista de dados, conhecer alguns indicadores básicos serve como um termômetro para saber se o mercado está "febril" (superaquecido/topo) ou "congelando" (deprimido/fundo). Isso ajuda a ajustar suas expectativas, mesmo fazendo DCA.

Aqui estão três indicadores ou conceitos simples que você pode consultar gratuitamente em sites como *Glassnode* ou *LookIntoBitcoin*:

1. **Índice de Medo e Ganância (Fear & Greed Index):** Este é um

velocímetro sentimental do mercado. Ele analisa volatilidade, volume e redes sociais.

- **Medo Extremo (0-25):** Geralmente indica que o mercado está sobrevendido. Historicamente, são ótimas zonas de compra. Como diz Warren Buffett: "Seja ganancioso quando os outros estão com medo".
- **Ganância Extrema (75-100):** Indica euforia. O preço está subindo rápido demais. Historicamente, é um momento perigoso para fazer grandes aportes e um bom momento para considerar realizar algum lucro.

2. MVRV Z-Score: Este indicador compara o valor de mercado atual do Bitcoin com o preço que as pessoas realmente pagaram por ele no passado (valor realizado).

- Quando o MVRV entra na zona vermelha (topo), significa que o preço está muito acima do "custo de produção" ou preço médio pago, indicando que muitos investidores estão com lucros absurdos e a tentação de vender é alta (risco de topo).
- Quando entra na zona verde (fundo), significa que o Bitcoin está sendo negociado abaixo do seu "valor justo", indicando uma oportunidade de compra geracional.

3. Percentual de Oferta em Lucro: Imagine se 99% de todas as pessoas que têm Bitcoin estivessem no lucro agora. O que acontece? A tentação de vender para comprar uma casa ou um carro aumenta. Quando esse indicador está acima de 95%, o risco de uma correção é alto. Por outro lado, quando apenas 40% ou 50% dos investidores estão no lucro (durante um Bear Market), a pressão de venda diminui, pois poucos querem vender com prejuízo (exaustão de vendedores).

Lembre-se: Nenhum indicador é uma bola de cristal. Eles são ferramentas de probabilidade, não de certeza. O objetivo de olhar para eles não é fazer trade diário, mas sim manter a sanidade.

Quando o telejornal disser que o Bitcoin morreu, e você olhar para o MVRV e ver que ele está na zona verde histórica de acumulação, você sorrirá. Você saberá algo que a multidão não sabe. Você terá a confiança dos dados, não a ansiedade das manchetes.

📝 Resumo do Capítulo

Principais Ideias:

- O mercado se move em ciclos de 4 anos impulsionados pelo Halving do Bitcoin (choque de oferta).
- Emoções como FOMO (medo de ficar de fora) e FUD (medo, incerteza e dúvida) são os maiores destruidores de riqueza.
- Preço baixo não significa "barato". O que importa é o Market Cap (Preço × Oferta).
- Tentar acertar o momento exato do mercado é inútil para a maioria. A constância vence a sorte.

Passos de Ação:

1. **Defina seu orçamento:** Quanto você pode investir mensalmente sem comprometer suas contas essenciais?
2. **Configure o DCA:** Automatize uma compra recorrente (semanal ou mensal) na sua corretora de confiança.
3. **Check-up de Realidade:** Verifique o "Fear & Greed Index" hoje. Se estiver em "Ganância Extrema", evite fazer aportes extras grandes. Se estiver em "Medo Extremo", considere isso uma oportunidade.
4. **Ignore o Ruído:** Pare de verificar o preço a cada hora. Mude para uma verificação semanal.

Capítulo 8: Finanças Descentralizadas (DeFi) e Renda Passiva

Imagine um banco que nunca fecha. Um banco que não tem gerentes, não exige comprovante de renda, não se importa com a cor da sua pele, seu CEP ou seu histórico de crédito. Um banco onde você não é apenas um cliente, mas também pode ser o dono, o acionista e o provedor de liquidez, recebendo as taxas que, no mundo antigo, iriam para os bônus dos executivos de Wall Street ou da Faria Lima.

Bem-vindo às Finanças Descentralizadas, ou **DeFi**.

Até este ponto do livro, falamos sobre comprar e guardar criptoativos (HODL). Isso é equivalente a comprar um terreno e esperar que ele valorize. Mas e se você pudesse construir um prédio nesse terreno e cobrar aluguel? O DeFi é a arquitetura que permite que seu dinheiro trabalhe para você, 24 horas por dia, 7 dias por semana, através de códigos de computador em vez de burocracia humana.

No entanto, este é o "Velho Oeste" das criptomoedas. É onde as maiores fortunas são feitas e onde as perdas mais rápidas acontecem por descuido. Vamos navegar por isso com a bússola da prudência.

8.1 O Fim do Gerente de Banco: Empréstimos e Trocas sem Permissão

Você se lembra da última vez que precisou pedir um empréstimo ou fazer uma transação internacional complexa? Provavelmente envolveu papelada, espera, taxas abusivas e a permissão de um terceiro (o gerente). O sistema bancário tradicional é baseado em **permissão**. Você precisa pedir "por favor" para movimentar seu próprio dinheiro.

O DeFi inverte essa lógica. Ele é **permissionless** (sem permissão).

A base dessa revolução são os **DEXs (Decentralized Exchanges)**, ou Corretoras Descentralizadas, como a Uniswap. Diferente da Binance ou Coinbase, que são empresas com sedes e funcionários, uma DEX é apenas um conjunto de Contratos Inteligentes rodando na Blockchain (geralmente Ethereum, Solana ou outras redes de primeira camada).

Como funciona a mágica? No sistema tradicional, para você vender uma ação, precisa haver um comprador do outro lado disposto a pagar o preço exato que você pede. Isso é chamado de "Livro de Ofertas". No DeFi, a inovação foi a criação dos **AMMs (Automated Market Makers)**.

Pense no AMM como uma máquina de venda automática gigante e inteligente. Em vez de procurar uma pessoa para trocar seus Reais por Dólares, você interage com a máquina. Essa máquina tem um cofre cheio de ambos os ativos. Você coloca Reais, a máquina calcula a cotação baseada na escassez relativa do momento e lhe entrega Dólares. Sem intermediários humanos.

História de Sucesso: Conheça Lucas, um designer gráfico freelancer de São Paulo. Lucas recebia pagamentos em dólar via PayPal, perdendo quase 7% em taxas de conversão e esperando dias para o dinheiro cair na conta. Ao começar a receber em **USDC** (uma stablecoin) e utilizar protocolos DeFi para trocar por Bitcoin ou moeda local, Lucas reduziu suas taxas para frações de centavos (usando redes de segunda camada) e o tempo de liquidação para segundos. Ele eliminou o "meio de campo" bancário e aumentou sua margem de lucro anual em quase 10% apenas pela eficiência do DeFi.

A beleza do DeFi é que ele é transparente. Todas as regras estão no código, auditáveis por qualquer pessoa. Se o código diz que a taxa de troca é 0,3%, será 0,3%. Não há "taxas escondidas" ou letras miúdas no rodapé do contrato que só o banco entende.

No entanto, essa liberdade exige responsabilidade técnica. Se você enviar dinheiro para o contrato errado, não há 0800 para ligar. Você é o banco. E como banqueiro de si mesmo, você deve entender a infraestrutura onde está pisando.

8.2 Staking: Ganhando Juros por Proteger a Rede

Se o Bitcoin é o "ouro digital" guardado no cofre, o **Staking** é como os "Títulos do Tesouro" da economia cripto, mas com uma função técnica vital.

Vimos anteriormente que redes como Ethereum utilizam o consenso *Proof of Stake* (Prova de Participação). Para que a rede seja segura e as transações sejam validadas, é necessário que validadores bloqueiem (façam "stake") seus tokens como garantia de honestidade.

Quando você faz staking, você está, na prática, dizendo à rede: "Eu confio tanto neste protocolo que vou trancar minhas moedas aqui para ajudar a validar as transações. Em troca, quero uma recompensa."

De onde vem o dinheiro? Não é mágica. O rendimento do staking geralmente vem de duas fontes:

1. **Emissão de novas moedas:** A rede cria novos tokens para pagar os validadores (inflação programada).
2. **Taxas de transação:** As taxas pagas pelos usuários da rede são distribuídas entre quem faz o staking.

Como fazer isso na prática? Para o investidor comum, montar um validador próprio (que exige hardware ligado 24/7 e, no caso do Ethereum, 32 ETH) é inviável. É aqui que entram as "Piscinas de Staking" (Staking Pools) ou o staking via corretora.

- **Staking Nativo em Pool:** Você delega suas moedas para um validador através da sua carteira (como Ledger ou Trezor). Você mantém a custódia dos tokens, mas eles ficam "travados" por um período. É a forma mais segura e alinhada com a soberania digital.
- **Staking em Corretora (Exchange):** Você deixa suas moedas na Binance ou Kraken e clica em "Earn". É mais fácil, mas lembre-se: a corretora fica com uma parte do lucro e, se ela falir, suas moedas vão junto.

O rendimento (APY - Annual Percentage Yield) varia muito. Em moedas sólidas como Ethereum ou Solana, pode girar entre 3% a 7% ao ano. Cuidado com promessas de retornos astronômicos (100%, 1000% ao ano) em moedas menores. Se o rendimento é pago em uma moeda que desvaloriza 90% ao ano, você está, na verdade, perdendo dinheiro.

O Staking é a forma mais "passiva" de renda passiva em cripto. É o equivalente a plantar uma árvore frutífera: você a planta (bloqueia os fundos), ela ajuda o ecossistema (segurança da rede) e lhe dá frutos periodicamente (recompensas).

8.3 Lending e Borrowing: Emprestando Seus Ativos com Segurança

Aqui entramos em um conceito que costuma explodir a cabeça de quem vem do mercado tradicional. Por que alguém pegaria um empréstimo em cripto se precisa deixar uma garantia (colateral) de valor *maior* do que o empréstimo?

Isso é chamado de **empréstimo sobrecolateralizado**.

Vamos usar uma analogia. Imagine que você tem uma barra de ouro que vale R$ 100.000. Você precisa de R$ 50.000 em dinheiro para uma emergência ou oportunidade, mas não quer vender seu ouro porque acredita que ele vai valorizar. Você vai a uma casa de penhores digital (um protocolo como o **Aave**), deixa sua barra de ouro no cofre e recebe os R$ 50.000. Quando você devolver o dinheiro com juros, recebe seu ouro de volta.

Por que fazer isso?

1. **Eficiência Fiscal:** Em muitos países, vender cripto gera um evento tributável (você paga imposto sobre o lucro). Pegar um empréstimo contra seu ativo não é uma venda, logo, geralmente não gera imposto imediato.
2. **Alavancagem:** Investidores experientes usam o dinheiro emprestado para comprar mais ativos, acreditando que a valorização será maior que os juros do empréstimo.
3. **Liquidez Imediata:** Você paga contas do mundo real sem se desfazer da sua posição de longo prazo em Bitcoin ou Ethereum.

O Lado do Credor (Você) Você também pode estar do outro lado do balcão. Você pode depositar suas stablecoins (dólares digitais) ou criptomoedas em protocolos de empréstimo para que outros peguem emprestado. Em troca, você recebe juros variáveis, muitas vezes superiores aos da renda fixa tradicional.

O Risco da Liquidação Aqui está o perigo. Se você pega um empréstimo deixando Bitcoin como garantia, e o preço do Bitcoin cai drasticamente, o valor da sua garantia pode não ser mais suficiente para cobrir a dívida.

Nesse cenário, o Contrato Inteligente não liga para você para renegociar. Ele executa uma **liquidação automática**. Ele vende seu Bitcoin instantaneamente para pagar a dívida. Você fica com o dinheiro que pegou emprestado, mas perde suas criptomoedas.

Por isso, a regra de ouro no *Lending* é a margem de segurança. Nunca tome emprestado o limite máximo. Se você tem R$ 10.000 em Bitcoin, pegue no máximo R$ 2.000 ou R$ 3.000 de empréstimo (LTV - Loan to Value baixo). Isso dá espaço para o mercado oscilar sem que você perca seus ativos.

8.4 Riscos do DeFi: Hacks, Bugs e Impermanent Loss

Até agora, o DeFi parece o paraíso financeiro. Mas não se iluda: é um ecossistema experimental e hostil para os desavisados. Se a soberania digital lhe dá o poder, ela também lhe transfere todo o risco. No DeFi, não existe Fundo Garantidor de Crédito (FGC).

Vamos dissecar os três principais monstros que habitam esse labirinto:

1. Risco de Contrato Inteligente (Smart Contract Risk) Protocolos DeFi são feitos de código. Códigos são escritos por humanos. Humanos erram. Um bug, uma vírgula fora do lugar ou uma lógica falha podem permitir que um hacker drene milhões de dólares de um protocolo em segundos.

- *Como mitigar:* Use apenas protocolos "Blue Chip" (os maiores e mais antigos, como Aave, Uniswap, MakerDAO) que já resistiram ao teste do tempo e passaram por múltiplas auditorias de segurança. Evite o "protocolo novo da semana" que promete retornos milagrosos.

2. Rug Pulls (Puxadas de Tapete) Isso acontece quando os desenvolvedores de um projeto mal-intencionado criam um token, atraem investidores, e então retiram toda a liquidez do mercado, fugindo com o dinheiro e deixando os investidores com tokens sem valor.

- *Como mitigar:* Verifique se a liquidez do projeto está bloqueada (locked liquidity) e se a equipe é pública e respeitável. Se o projeto é anônimo e promete 5.000% de lucro, é quase certo que seja um golpe.

3. Impermanent Loss (Perda Impermanente) Este é o conceito mais difícil e técnico, mas vital se você decidir ser um provedor de liquidez em uma DEX.

Imagine que você coloca R$ 100 de ETH e R$ 100 de USDC em uma piscina de liquidez. Sua tarefa é manter o balanço de valor 50/50. Se o preço do ETH dispara (sobe muito), a piscina (o AMM) automaticamente vende seu ETH e compra mais USDC para manter o equilíbrio de valor. Resultado: Quando você for sacar seu dinheiro, você terá **menos ETH** e **mais USDC** do que quando entrou.

Se você tivesse apenas segurado o ETH na sua carteira (HODL), você teria lucrado mais com a valorização dele. A diferença entre "o lucro que você teve na piscina" e "o lucro que teria apenas segurando" é chamada de **Perda Impermanente**.

Ela é chamada de "impermanente" porque, se o preço voltar ao valor inicial, a perda desaparece. Mas se você sacar os fundos enquanto o preço está diferente, a perda se torna permanente.

A Regra de Ouro do DeFi: Não persiga rendimentos (Yield Chasing). É tentador ver uma APY de 40%, mas o risco de perda total do principal (seja por hack ou desvalorização do token) raramente compensa. Fique com o rendimento "chato e seguro" de 4% a 8% em protocolos estabelecidos até que você domine a mecânica.

8.5 NFTs: Muito Além de Figurinhas de Macaco (Utilidade Real)

Quando se fala em **NFTs (Non-Fungible Tokens)**, a imagem que vem à mente da maioria das pessoas são as coleções de arte digital, como os famosos "Macacos Entediados" (Bored Apes), sendo vendidos por milhões. Isso criou uma bolha especulativa que explodiu, deixando muitos céticos.

Mas resumir NFTs a JPEGs caros é como dizer que a internet serve apenas para enviar e-mails.

Para entender o valor real, precisamos entender a **Fungibilidade**.

- **Fungível:** Uma nota de R$ 50 é igual a qualquer outra nota de R$ 50. Se trocarmos, ninguém perde valor. Um Bitcoin é igual a outro Bitcoin.
- **Não-Fungível:** A escritura da sua casa, o ingresso numerado da final da Copa do Mundo, ou a sua identidade. Eles são únicos e não intercambiáveis diretamente.

Um NFT é, na essência, um **certificado digital de propriedade e autenticidade** registrado na Blockchain. Ele prova, sem sombra de dúvida, quem é o dono de um ativo digital ou físico.

O Futuro Utilitário dos NFTs:

1. **Ingressos e Acesso:** Acabar com o mercado negro de ingressos falsos. Um ingresso NFT garante que você tem acesso ao show, e o artista pode programar o contrato para receber uma porcentagem (royalties) de cada revenda no mercado secundário.
2. **Games (GameFi):** Em jogos tradicionais, se você compra uma "espada mágica", ela pertence à empresa do jogo. Se o servidor desligar, você perde tudo. Com NFTs, os itens são seus. Você pode vendê-los em mercados abertos ou até levá-los para outros jogos compatíveis.
3. **Tokenização de Ativos Reais (RWA):** Este é o "Santo Graal". Imagine tokenizar um prédio. Em vez de vender o prédio para um único milionário, você divide a propriedade em 10.000 NFTs. Quem compra o

NFT tem direito a receber o aluguel proporcional daquele imóvel, pago automaticamente na carteira via contrato inteligente.

4. **Identidade e Diplomas:** Universidades já estão emitindo diplomas como NFTs. Isso torna a verificação de currículos instantânea e à prova de falsificação.

A tecnologia NFT é a ponte que trará ativos do mundo real para a eficiência da Blockchain. A "era das figurinhas" foi apenas o teste de estresse da tecnologia. A verdadeira revolução será silenciosa, quando você comprar um carro ou uma casa e a escritura for transferida para sua carteira digital em segundos, sem cartório.

Resumo do Capítulo

Principais Ideias

- **DeFi é Permissionless:** Você não precisa de autorização para usar serviços financeiros; basta ter uma carteira e conexão à internet.
- **Staking é Renda Passiva:** Você ajuda a proteger a rede bloqueando seus fundos e recebe recompensas por isso. É a "poupança" da criptoeconomia, mas com riscos de volatilidade.
- **Lending e Colateral:** Você pode pegar empréstimos deixando cripto como garantia sem vender seus ativos, evitando impostos e mantendo a exposição à valorização.
- **Atenção aos Riscos:** O DeFi não tem seguro. Cuidado com hacks, erros em contratos inteligentes e a "Perda Impermanente" ao prover liquidez.
- **NFTs são Certificados:** Eles vão muito além da arte digital; representam a propriedade única de qualquer ativo, físico ou digital, de forma verificável.

Passos de Ação

1. **Explore uma DEX:** Vá até a *Uniswap* ou *Jupiter* (se usar Solana) e faça uma pequena troca (swap) de valor irrisório apenas para entender a mecânica sem intermediários.
2. **Simule Staking:** Se você possui Ethereum ou Solana, pesquise como fazer staking nativo ou via sua carteira de hardware (Ledger/Trezor). Comece com o valor mínimo.
3. **Audite antes de investir:** Antes de colocar dinheiro em qualquer protocolo DeFi, verifique o site *DefiLlama* para ver o TVL (Total Value Locked) do projeto. Quanto maior o valor travado, geralmente mais confiável é o protocolo.
4. **Ignore o Hype de NFTs:** Não compre NFTs esperando vender mais caro para o próximo tolo. Estude a tecnologia por trás da tokenização de ativos reais.

DeFi YIELD

Capítulo 9: Regulação e Futuro

Muitas vezes, quando falamos de criptomoedas, a conversa gira em torno de tecnologia futurista, gráficos de preço e liberdade incondicional. No entanto, existe uma realidade inevitável que todo investidor sério precisa enfrentar: o mundo real tem regras, fronteiras e governos.

A ideia de que o Bitcoin vive em um universo paralelo intocável pela lei é um mito perigoso. Embora o protocolo em si seja incensurável, as pontes que conectam o seu dinheiro fiduciário (reais, dólares, euros) ao mundo cripto são vigiadas de perto.

Neste capítulo, vamos navegar pelas águas, muitas vezes turvas, da regulação e da tributação, não para assustá-lo, mas para protegê-lo. Entender as regras do jogo é o que separa o especulador amador do investidor soberano que dorme tranquilo à noite. Além disso, olharemos para o horizonte para entender o que são as moedas digitais dos governos (CBDCs) e como a Web3 promete remodelar a própria estrutura da internet.

9.1 O Cenário Regulatório Global e Local

Durante a primeira década de existência do Bitcoin, o mercado operou em uma espécie de "Velho Oeste" digital. Havia poucas regras, muita experimentação e, infelizmente, muitos xerifes corruptos e foras da lei. Mas, à medida que a classe de ativos amadureceu e trilhões de dólares entraram no ecossistema, a atenção dos reguladores globais se voltou para esse mercado.

Hoje, a narrativa mudou. Não se discute mais "se" as criptomoedas devem ser reguladas, mas "como". Para você, investidor, isso é uma faca de dois gumes. Por um lado, a regulação traz legitimidade institucional. Grandes fundos de pensão e empresas listadas em bolsa só podem entrar no jogo se houver clareza jurídica. A aprovação de ETFs (Fundos de Índice) de Bitcoin à vista nos Estados Unidos, por exemplo, foi um marco que validou o ativo perante o sistema financeiro tradicional.

Por outro lado, a regulação excessiva pode sufocar a inovação e restringir a privacidade. É crucial que você entenda a distinção que os reguladores estão fazendo: é muito difícil regular o **código** (o protocolo descentralizado), mas é muito fácil regular os **intermediários** (corretoras centralizadas e emissores de stablecoins).

Globalmente, vemos dois movimentos principais:

1. **Regras de KYC/AML:** As políticas de "Conheça Seu Cliente" e "Prevenção à Lavagem de Dinheiro" estão se tornando universais. É por isso que qualquer corretora séria exige sua foto e documentos. Se uma plataforma não exige isso hoje, desconfie: ela pode ser fechada a qualquer momento.
2. **Classificação de Ativos:** Há uma batalha regulatória (especialmente nos EUA com a SEC e na Europa com a MiCA) para definir o que é uma *commodity* (mercadoria, como o Ouro ou Bitcoin) e o que é um *security* (valor mobiliário, como ações de empresas). A maioria das Altcoins corre o risco de ser classificada como valor mobiliário, o que traria exigências legais pesadas para seus criadores.

No cenário local, a tendência segue o padrão global. Os governos não querem proibir a tecnologia (pois perderiam inovação e impostos), mas querem rastreabilidade. Eles desejam saber quem está comprando, quanto e para onde está enviando.

História de Sucesso: A Tranquilidade de Marcos Marcos, um empresário de 42 anos, começou a investir em 2017. Na época, ele usava corretoras obscuras sediadas em paraísos fiscais para evitar identificação. Quando o mercado subiu em 2021, Marcos quis usar seus lucros para comprar um imóvel. O problema? Ele não tinha como comprovar a origem do dinheiro para o banco e para o cartório sem levantar bandeiras vermelhas de lavagem de dinheiro. Marcos teve que passar meses retificando sua situação, pagando multas e organizando o caos. Hoje, ele opera apenas em corretoras reguladas e mantém seus registros impecáveis. "A regulação parece chata", diz ele, "até você perceber que ela é o único caminho para transformar lucros digitais em bens reais sem medo da polícia bater na sua porta".

A lição aqui é pragmática: a regulação está fechando o cerco sobre o anonimato nas "rampas de acesso" (fiat para cripto). Aceite isso como o custo de fazer negócios no mundo claro, enquanto mantém sua privacidade na gestão da sua carteira fria (cold wallet), onde a regulação não alcança.

9.2 Imposto de Renda: Como Declarar Criptomoedas

Este é, sem dúvida, o tópico menos glamouroso deste livro, mas é o mais crítico para a preservação da sua riqueza. Há um ditado que diz: "Só existem duas certezas na vida: a morte e os impostos". Ignorar a segunda pode acelerar seus problemas com a primeira, ao menos figurativamente, devido ao estresse.

Muitos iniciantes cometem o erro fatal de achar que criptomoedas são invisíveis ao fisco. **Isso é falso.** A maioria das transações que você faz passa por corretoras que, por força de lei, reportam as movimentações dos usuários à Receita Federal (ou autoridade fiscal local). O cruzamento de dados é automático. Se a corretora diz que você movimentou R$ 50.000,00 e você não declara, você cai na malha fina.

Para manter sua soberania financeira, você precisa tratar a tributação com profissionalismo. Aqui estão os pilares fundamentais que você deve dominar:

1. A Diferença entre Declarar e Pagar Na maioria das jurisdições, o simples fato de *possuir* criptomoedas obriga você a **declarar** essa posse na sua declaração anual de bens, geralmente pelo valor de custo (quanto você pagou), e não pelo valor atual de mercado. Já o **pagamento** de imposto (geralmente sobre ganho de capital) só ocorre quando você *vende* ou *permuta* seus ativos com lucro, e esse lucro supera uma determinada faixa de isenção mensal (verifique a legislação vigente no seu país, no Brasil, por exemplo, a isenção costuma ser para vendas totais até R$ 35 mil mensais em corretoras locais, mas regras mudam).

2. Permuta é Fato Gerador Este é o erro número um. Se você comprou Bitcoin e, meses depois, trocou esse Bitcoin diretamente por Ethereum, para o fisco, você fez duas operações: vendeu Bitcoin (realizando lucro ou prejuízo) e comprou Ethereum. Se houve lucro na "venda" do Bitcoin, há imposto a pagar, mesmo que você nunca tenha tocado em dinheiro fiduciário.

3. O Custo Médio Você não paga imposto sobre o valor total da venda, mas sobre o **lucro**. Para saber seu lucro, você precisa saber seu preço médio de compra. *Exemplo:* Você comprou 0,1 BTC a R$ 20.000. Depois, comprou mais 0,1 BTC a R$ 40.000. Seu custo total é R$ 60.000 por 0,2 BTC. Seu preço médio é R$ 30.000 por 0,1 BTC. Se você vender a R$ 50.000, seu lucro tributável é a diferença entre a venda e o preço médio.

4. Organização é Poder Não deixe para descobrir quanto você deve no último dia do prazo. O segredo da paz de espírito tributária é o registro contínuo.

- Mantenha uma planilha atualizada ou use softwares/aplicativos especializados em tributação cripto.
- Exporte o histórico de transações de todas as suas corretoras mensalmente.
- Se você usa DeFi ou carteiras próprias, o rastreio é manual ou via software de portfólio.

Dica Pro: Reserve o dinheiro do imposto no momento do lucro. Se você teve um lucro de R$ 100.000 em uma venda e deve 15% de imposto, separe esses R$ 15.000 imediatamente em uma stablecoin ou moeda fiduciária. Não reinvista o valor do imposto. O mercado pode cair 50% no mês seguinte, e você ainda deverá o imposto sobre o lucro que realizou antes, mas agora sem ter o dinheiro para pagar. Isso já quebrou muitos investidores.

9.3 CBDCs: As Moedas Digitais dos Bancos Centrais e a Privacidade

Enquanto o Bitcoin foi criado para ser um sistema de dinheiro eletrônico *peer-to-peer* (ponto a ponto) sem intermediários, os governos olharam para essa tecnologia e viram uma oportunidade diferente. Eles perceberam que a tecnologia Blockchain poderia ser usada para modernizar suas próprias moedas fiduciárias. Assim nasceram as **CBDCs** (*Central Bank Digital Currencies*).

É crucial que você, como aspirante à soberania digital, entenda que CBDCs e Criptomoedas (como Bitcoin) são opostos filosóficos, embora usem tecnologias similares.

O **Bitcoin** é descentralizado, incensurável, com oferta limitada e focado na privacidade e propriedade do usuário. Uma **CBDC** (como o Real Digital, Euro Digital ou Yuan Digital) é centralizada, censurável, com oferta controlada pelo estado e focada na vigilância e controle.

O Perigo do "Dinheiro Programável" A maior inovação – e o maior perigo – das CBDCs é a programabilidade. Ao contrário do dinheiro físico, que uma vez em sua mão pode ser gasto como você quiser, uma CBDC é um código que pode ter regras embutidas. Imagine os seguintes cenários distópicos, mas tecnicamente possíveis com CBDCs:

- **Data de Validade:** O Banco Central quer estimular a economia. Ele emite um estímulo que "expira" se não for gasto em 30 dias. Você não pode poupar.
- **Restrições de Consumo:** O governo decide que você já atingiu sua cota de carbono do mês. Seu dinheiro digital é bloqueado para a compra de gasolina ou passagens aéreas.
- **Bloqueio Automático:** Você participa de um protesto não autorizado. Com um clique, sua carteira digital é congelada, excluindo você do sistema financeiro instantaneamente.

Isso não é ficção científica. A China já está avançada nos testes do Yuan Digital, integrando-o ao seu sistema de crédito social.

Por que isso importa para o seu investimento? A ascensão das CBDCs tornará a proposta de valor do Bitcoin ainda mais óbvia. À medida que o dinheiro estatal se torna uma ferramenta de vigilância panóptica, o Bitcoin se consolida como a única "saída de emergência". As CBDCs eliminarão o dinheiro em espécie (papel-moeda) em algum momento futuro. Quando o dinheiro físico desaparecer, a única forma de transacionar valor de maneira privada e sem permissão será através de criptomoedas descentralizadas verdadeiras.

Entender as CBDCs reforça a tese de investimento no Bitcoin: não apenas como uma aposta de valorização, mas como um seguro contra o controle monetário totalitário.

9.4 Web3 e Metaverso: A Próxima Iteração da Internet

Até agora, falamos muito sobre dinheiro. Mas a tecnologia Blockchain permite algo ainda mais amplo: a redefinição da internet como a conhecemos. Para entender para onde estamos indo (Web3), precisamos olhar rapidamente de onde viemos.

- **Web1 (A Economia da Leitura):** Eram os anos 90 e início dos 2000. Sites estáticos, portais de notícias. Você apenas consumia informação. Era descentralizada, mas limitada.
- **Web2 (A Economia da Plataforma):** A era das redes sociais (Facebook, Instagram, YouTube). Você passou a criar conteúdo ("Write"), mas não é dono dele. As grandes corporações (Big Techs) monetizam seus dados, controlam o que você vê e podem banir sua conta a qualquer momento. Você é o produto.
- **Web3 (A Economia da Propriedade):** A próxima fase. Aqui, você lê,

escreve e **possui** (*Read-Write-Own*).

Na Web3, sua identidade não é um perfil alugado no banco de dados do Google; é a sua carteira cripto. Quando você se conecta a um site, você não faz "login com e-mail e senha", você "conecta sua carteira". Isso significa que seus dados, seus ativos digitais e seu histórico viajam com você. Se uma plataforma de mídia social Web3 falir ou tentar censurá-lo, você pode pegar seus seguidores e seu conteúdo e movê-los para outra interface, porque esses dados estão na Blockchain, não nos servidores da empresa.

O Metaverso e a Propriedade Digital O termo "Metaverso" foi cooptado por empresas de jogos e pelo Facebook (Meta), mas sua definição real é mais profunda. O Metaverso é o momento em que nossa vida digital passa a ter tanto valor e peso quanto nossa vida física. Nesse ambiente, a propriedade digital é garantida por **NFTs** (*Non-Fungible Tokens*). Esqueça as imagens de macacos. Pense em NFTs como escrituras digitais.

- Em jogos: A espada que você ganha no jogo é sua. Você pode vendê-la por dinheiro real ou levá-la para outro ambiente.
- Na arte e música: Criadores vendem diretamente aos fãs, recebendo royalties automáticos a cada revenda, sem gravadoras intermediárias.

Para o investidor, a Web3 representa uma oportunidade assimétrica. Estamos falando de investir na infraestrutura da próxima internet. Protocolos como Ethereum, Solana, Polkadot e outros estão competindo para ser a fundação onde essa nova economia será construída. Não se trata de comprar "terrenos virtuais" especulativos, mas de entender quais tokens capturam o valor dessa nova camada de infraestrutura tecnológica.

9.5 O Futuro da Soberania Individual

Chegamos a um ponto crucial da nossa jornada. Discutimos Bitcoin, Altcoins, DeFi, segurança e regulação. Mas qual é o objetivo final de tudo isso? A resposta é: **Soberania Individual**.

No século XX, sua liberdade estava atrelada quase inteiramente à sua localização geográfica. Se você nascesse em um país com economia estável e leis justas, prosperava. Se nascesse sob um regime autoritário ou uma economia hiperinflacionária, estava preso. Mover sua riqueza para fora das fronteiras era difícil, lento e muitas vezes ilegal.

A revolução das criptomoedas quebra essas correntes geográficas. Pela primeira vez na história, você pode memorizar 12 ou 24 palavras (sua Seed Phrase) e atravessar qualquer fronteira do mundo transportando bilhões de dólares em valor, sem que nenhum detector de metais, cão farejador ou agente alfandegário possa confiscar ou sequer saber que você carrega essa riqueza.

O Cidadão do Mundo O futuro da soberania pertence àqueles que se tornam "independentes de localização". Não significa que você deva se mudar do seu país, mas que você deve estruturar sua vida de modo que não dependa de um único ponto de falha governamental.

- Você pode morar no Brasil.
- Trabalhar remotamente para uma empresa nos EUA ou para uma DAO (Organização Autônoma Descentralizada) global.
- Receber em Stablecoins ou Bitcoin.
- Manter sua reserva de valor protegida matematicamente na Blockchain.

Essa configuração inverte a balança de poder. Quando o indivíduo tem o controle absoluto sobre seu capital, os governos precisam competir para tratá-lo bem, em vez de tratá-lo como um súdito cativo.

A "Soberania Digital" proposta neste livro não é um ato de rebeldia sem causa. É um ato de responsabilidade adulta. É a decisão consciente de não terceirizar o seu futuro e a segurança da sua família para burocratas, banqueiros centrais ou políticos que não conhecem você e não se importam com o seu sucesso.

O futuro será volátil, tecnológico e desafiador. Mas, com as chaves privadas em suas mãos e o conhecimento em sua mente, você estará mais preparado do que 99% da população para navegar nesta nova era.

🖹 Resumo do Capítulo

Principais Ideias:

- **Regulação é Real:** O mercado cripto está sendo integrado ao sistema financeiro tradicional. KYC e AML são o novo padrão nas corretoras.
- **Não Sonegue:** A posse e o lucro com criptomoedas devem ser declarados. A omissão pode levar a multas pesadas e problemas legais.
- **CBDCs vs. Cripto:** Moedas digitais de governos são ferramentas de controle e vigilância; Bitcoin é ferramenta de liberdade. São opostos.
- **Web3 é Propriedade:** A nova internet devolve a posse dos dados e ativos aos usuários através da descentralização.
- **Soberania:** A capacidade de transportar riqueza na sua mente e não depender de intermediários é o maior superpoder do século XXI.

Passos de Ação:

1. **Auditoria Fiscal:** Verifique se você declarou suas criptomoedas nos anos anteriores. Se não, procure um contador especializado para regularizar.
2. **Organização:** Comece hoje uma planilha ou contrate um software para registrar todas as suas transações (data, valor, taxas).
3. **Estudo Contínuo:** Leia sobre as propostas de regulação no seu país para não ser pego de surpresa por novas leis.

4. **Reflexão:** Pergunte-se: "Se eu tivesse que sair do país hoje com apenas a roupa do corpo, eu teria acesso à minha riqueza?" Se a resposta for não, revise sua estratégia de custódia (Capítulo 6).

Conclusão 10: O Longo Prazo

10.1 Recapitulando os Pilares da Investimento Cripto

Se você chegou até aqui, parabéns. Você não apenas leu um livro; você completou um rito de passagem para uma nova era financeira. A jornada pela toca do coelho das criptomoedas é desafiadora, cheia de ruídos, complexidades e promessas vazias. Mas você emergiu do outro lado com um mapa, uma bússola e, o mais importante, a mentalidade para navegar neste novo território com confiança.

Ao longo desta jornada, construímos uma base sólida. Agora, é hora de revisar os pilares que sustentarão sua fortaleza de soberania digital por muitos anos. Considere estes os seus mandamentos, os princípios inegociáveis que o protegerão da euforia irracional e do pânico paralisante.

O primeiro pilar é a **Educação Contínua**. Este livro é o seu ponto de partida, não o seu destino final. O espaço cripto evolui a uma velocidade vertiginosa. A sua maior defesa contra erros caros é a sua curiosidade. Continue a ler, a ouvir podcasts, a questionar narrativas e, acima de tudo, a entender fundamentalmente *o que* você está comprando. Nunca invista em algo que você não consiga explicar para um amigo em cinco minutos.

O segundo pilar é **Bitcoin como Alicerce**. Entenda a posição única do Bitcoin como o ativo digital mais descentralizado, seguro e monetariamente sólido que existe. Ele não é apenas "a primeira cripto"; ele é a reserva de valor, o ouro digital que ancora todo o ecossistema. Sua estratégia de portfólio deve refletir isso, tratando o Bitcoin como sua poupança de longo prazo e a base da sua exposição a este mercado.

O terceiro pilar é a **Abordagem Cautelosa com Altcoins**. Pense nas altcoins como investimentos de capital de risco. Elas oferecem um potencial de retorno assimétrico, mas vêm com um risco proporcionalmente maior. Avalie cada projeto com um olhar crítico sobre sua tecnologia, sua equipe, sua utilidade real e seus **tokenomics**. Não se deixe levar pelo hype. A maioria dos projetos falhará. Sua tarefa é encontrar as poucas joias em meio a um mar de imitações, sempre investindo uma quantia que você esteja preparado para perder.

O quarto, e talvez o mais crucial pilar, é a **Autocustódia Radical**. Lembre-se do mantra: "Not your keys, not your coins." Deixar seus ativos em uma corretora é confiar em um terceiro, exatamente o problema que o Bitcoin se propôs a resolver. Aprender a usar uma **cold wallet** (carteira fria) não é uma opção, é uma necessidade. É o ato final de declarar sua independência financeira.

Finalmente, o quinto pilar é a **Disciplina Psicológica**. O mercado testará sua paciência e sua coragem. A melhor ferramenta para sobreviver à volatilidade é uma estratégia bem definida, como o **DCA (Dollar Cost Averaging)**. Ao investir quantias fixas em intervalos regulares, você remove a emoção da equação e transforma a volatilidade, a inimiga do trader, em sua aliada como investidor de longo prazo.

Estes cinco pilares — Educação, Bitcoin como Base, Cautela com Altcoins, Autocustódia e Disciplina — são o seu escudo e a sua espada. Com eles, você não está mais apostando; você está investindo estrategicamente no futuro.

10.2 A Mentalidade de Baixa Preferência Temporal

Você já parou para pensar por que é tão tentador gastar dinheiro agora em vez de guardá-lo para o futuro? Por que a gratificação instantânea parece tão mais atraente do que a segurança a longo prazo? A resposta reside em um conceito econômico chamado **preferência temporal**.

Alta preferência temporal é o desejo de satisfazer necessidades no presente em detrimento do futuro. Nosso sistema financeiro moderno, baseado em moedas fiduciárias que perdem valor constantemente devido à inflação, nos treina para ter uma alta preferência temporal. Por que poupar um real hoje se amanhã ele comprará menos? O sistema nos incentiva a consumir, a nos endividar, a viver para o momento, pois o futuro do nosso dinheiro é incerto e decrescente.

O Bitcoin introduz uma mudança de paradigma radical. Ele nos convida a adotar uma **baixa preferência temporal**. Por ser um ativo com uma oferta absolutamente finita — apenas 21 milhões de unidades existirão —, ele tem o potencial de se valorizar com o tempo à medida que a demanda aumenta. Essa simples característica vira a lógica de cabeça para baixo. Em vez de se sentir pressionado a gastar seu dinheiro antes que ele perca valor, você se sente incentivado a poupá-lo, sabendo que sua disciplina hoje pode se transformar em uma riqueza significativamente maior no futuro.

Imagine a diferença entre comprar uma refeição fast-food e plantar uma macieira. O fast-food é a alta preferência temporal: rápido, fácil e satisfaz a fome imediata. A macieira é a baixa preferência temporal: exige trabalho, paciência e cuidado por anos antes de dar o primeiro fruto. Mas, uma vez que começa a produzir, ela oferece alimento por décadas. O Bitcoin é a sua macieira digital.

História de Sucesso: A Paz de Espírito de Ana

Ana, uma planejadora financeira de 38 anos, sempre foi diligente em seus investimentos tradicionais. Quando descobriu o Bitcoin, ficou fascinada, mas também apavorada com a volatilidade. Nos primeiros meses, ela checava o preço de hora em hora, sentindo uma pontada de pânico a cada queda e uma euforia perigosa a cada alta. Sua saúde mental estava sendo afetada. Cansada da montanha-russa emocional, ela decidiu mudar de abordagem após entender o conceito de preferência temporal. Ela definiu uma pequena porcentagem de sua renda para comprar Bitcoin todo mês, automaticamente, via DCA. Ela transferia os fundos para sua cold wallet e "esquecia" deles. Ela parou de olhar o gráfico. Seu objetivo não era mais "ficar rica rápido", mas construir uma reserva de valor para sua aposentadoria em 20 anos. Essa mudança de uma mentalidade de alta para baixa preferência temporal não apenas protegeu seu capital, mas, mais importante, deu-lhe paz de espírito. Ela estava plantando sua macieira, e sabia que, com o tempo, colheria os frutos.

Adotar uma mentalidade de baixa preferência temporal transcende o investimento. É uma filosofia de vida. É sobre escolher a academia em vez do sofá, o livro em vez da maratona de séries, a construção de um negócio em vez do consumo impulsivo. É a compreensão de que as coisas mais valiosas da vida — conhecimento, saúde, relacionamentos e, sim, riqueza — são construídas com consistência e paciência, não com atalhos.

10.3 O Convite à Responsabilidade Financeira

Ao longo deste livro, a palavra "soberania" apareceu diversas vezes. É uma palavra poderosa, que evoca liberdade, controle e autonomia. A promessa do Bitcoin e das criptomoedas é exatamente essa: a capacidade de se tornar um indivíduo soberano, o mestre absoluto do seu próprio capital. Mas essa promessa vem com uma condição inescapável, um princípio que não pode ser ignorado: com grande poder, vem grande responsabilidade.

Ser seu próprio banco é libertador. Significa que nenhuma instituição pode congelar suas contas, nenhum governo pode confiscar seus ativos com o clique de um botão, e nenhuma política monetária irresponsável pode diluir suas economias sem o seu consentimento. Você está no controle.

Mas ser seu próprio banco também significa que a rede de segurança desapareceu. Não há um gerente para quem ligar se você enviar fundos para o endereço errado. Não há um serviço de "esqueci minha senha" se você perder sua **seed phrase**. Não há um fundo garantidor para te salvar se você cair em um golpe de phishing.

A responsabilidade é sua. Totalmente sua.

Isso pode parecer assustador, e é natural sentir um certo receio. Fomos condicionados a delegar a segurança do nosso patrimônio a terceiros. Mas encare isso não como um fardo, mas como o preço da verdadeira liberdade. Cada passo que você deu neste livro — aprender sobre chaves privadas, configurar uma carteira fria, entender os ciclos de mercado — foi um passo em direção à autossuficiência.

Este é o convite final deste livro: abrace essa responsabilidade. Assuma a propriedade não apenas de seus ativos, mas de sua educação financeira. O mundo está mudando. As estruturas de poder financeiro que dominaram o século XX estão sendo desafiadas por uma tecnologia descentralizada, aberta e sem permissão. Você tem agora a oportunidade de não ser apenas um espectador, mas um participante ativo nesta transição.

A jornada não termina aqui. Na verdade, ela está apenas começando. Continue curioso. Continue cético. Continue aprendendo. Construa sua riqueza não com ganância, mas com sabedoria. Um bloco de cada vez. Um satoshi de cada vez.

O futuro das suas finanças não está nas mãos de um banqueiro, de um político ou de um CEO. Ele está nas suas mãos. E agora, você sabe o que fazer com ele.

10.4 Glossário de Termos Essenciais

Para facilitar sua jornada contínua no universo cripto, aqui está um guia de referência rápida para os termos mais importantes que discutimos.

- **Altcoin:** Qualquer criptomoeda que não seja o Bitcoin.
- **Bitcoin (BTC):** A primeira e mais conhecida criptomoeda, criada em 2009. Funciona como uma reserva de valor digital descentralizada, também conhecida como "ouro digital".
- **Blockchain:** Um livro-razão digital, distribuído e imutável, que registra transações em uma rede de computadores de forma segura e transparente.
- **Cold Wallet (Carteira Fria):** Um dispositivo físico (offline) para armazenar chaves privadas de criptomoedas, oferecendo o mais alto nível de segurança.
- **DCA (Dollar Cost Averaging):** Uma estratégia de investimento que envolve comprar uma quantia fixa de um ativo em intervalos regulares, independentemente do preço, para mitigar o impacto da volatilidade.
- **DeFi (Finanças Descentralizadas):** Um ecossistema de aplicações financeiras construído em redes blockchain, permitindo serviços como empréstimos, trocas e rendimentos sem intermediários tradicionais.

- **Exchange (Corretora):** Uma plataforma online onde você pode comprar, vender e negociar criptomoedas.
- **Halving:** Um evento programado no código do Bitcoin que ocorre aproximadamente a cada quatro anos e corta pela metade a recompensa que os mineradores recebem por adicionar um novo bloco à blockchain, reduzindo a taxa de nova emissão de bitcoins.
- **Hash:** Uma função matemática que converte uma entrada de qualquer tamanho em uma saída de tamanho fixo. É fundamental para a segurança e a integridade da blockchain.
- **Hot Wallet (Carteira Quente):** Um software ou aplicativo de carteira que está conectado à internet, oferecendo conveniência para transações diárias, mas com menor segurança em comparação com as carteiras frias.
- **KYC (Know Your Customer):** O processo de verificação de identidade que a maioria das corretoras centralizadas exige dos usuários para cumprir as regulamentações contra lavagem de dinheiro.
- **Mineração (Mining):** O processo pelo qual novos bitcoins são criados e as transações são verificadas e adicionadas à blockchain, utilizando poder computacional para resolver problemas matemáticos complexos (Prova de Trabalho).
- **NFT (Token Não Fungível):** Um tipo único de token digital que representa a propriedade de um item específico (arte, colecionáveis, imóveis virtuais) na blockchain.
- **Proof of Stake (PoS - Prova de Participação):** Um mecanismo de consenso onde os validadores de bloco são escolhidos com base no número de moedas que possuem e estão dispostos a "apostar" (stake) como garantia.
- **Proof of Work (PoW - Prova de Trabalho):** O mecanismo de consenso original do Bitcoin, que requer que os mineradores gastem energia computacional para proteger a rede.
- **Satoshi:** A menor unidade de um bitcoin. Um bitcoin é divisível em 100 milhões de satoshis.
- **Seed Phrase (Frase Semente):** Uma lista de 12 a 24 palavras que serve como a chave mestra para restaurar o acesso a uma carteira de

criptomoedas e a todos os fundos nela contidos.

- **Smart Contract (Contrato Inteligente):** Um programa autoexecutável com os termos do acordo entre comprador e vendedor diretamente escritos em código, que roda em uma blockchain como a do Ethereum.
- **Stablecoin:** Uma criptomoeda projetada para minimizar a volatilidade de preços, geralmente atrelada a um ativo estável como o dólar americano.
- **Tokenomics:** A ciência da economia de um token. Refere-se a todos os aspectos que afetam o valor de um token, incluindo sua oferta, distribuição, utilidade e modelo de incentivos.

www.ingramcontent.com/pod-product-compliance
Lightning Source LLC
LaVergne TN
LVHW051359061026
849535LV00009B/3271
* 9 7 8 1 9 9 7 7 4 9 6 6 0 *